햇살은
그대 얼굴을
따스하게
비추고

햇살은 그대 얼굴을
따스하게 비추고

2023년 11월 20일 1판 1쇄 발행

지은이	김영돈
펴낸이	이성범
펴낸곳	책미다지
교정·교열	박진영
표지 디자인	우일미디어
본문 디자인	우일미디어
주소	서울특별시 영등포구 양평로30길 14, 911호(세종앤까뮤스퀘어)
전화	(02)2277-9684~5
팩스	(02)323-9686
전자우편	taraepub@nate.com
출판등록	제2012-000232호
ISBN	978-89-8250-161-6 03810

- 이 책은 저작권법에 의해 한국 내에서 보호를 받는 저작물이므로 무단 전재와 무단 복제를 금합니다.
- 값은 뒤표지에 있습니다.
- 파본은 구입한 서점에서 교환해 드립니다.
- 책미다지는 도서출판 타래의 임프린트 출판사입니다.

햇살은
그대 얼굴을
따스하게
비추고

김영돈 지음

책미다지

프롤로그

나의 기도는 팽이의 온도, 5년의 사계절, 『바람이 언제나 그대 등 뒤에서 불기를』에 이어 『햇살은 그대 얼굴을 따스하게 비추고』로 이어진다.

"지향이 있는 한 모든 인간은 방황한다."
괴테의 『파우스트』에 나오는 이 문장이 팽이의 선회를 멈추게 했다. 마음 너머 오두막, 오두막 너머 협곡에서 바라본 인간의 욕망은 '활화산' 이상이었다. 응원군을 만나 지향점을 찾고 순환을 시작한 후에는 영혼 한가운데로 방향을 틀 생각이다.

응원군, 여백

막다른 골목에서 두려움에 한 걸음도 내디딜 수 없을 때, 자신이 실망스러울 때, 마음을 주체할 수 없을 때, 더 이상 생을 지속하고 싶지 않을 때 '한 호흡' 멈추게 하는 힘은 응원군 때문이다. 무의식 깊은 곳에서 조용히 엄지를 치켜세우고 눈을 반짝이며 손뼉을 쳐주는 응원군!

여백 서원의 전영애 시인은 이런 박수부대를 자처한 사람이다. 그녀의 미소와 손뼉을 치는 두 손, 그리고 두 손으로 그려낸 괴테하우스의 도면. 자신의 지향점을 이 땅에 실현하려는 시인의 꿈을 조용히 따라가다 보면 '너, 파우스트를 아느냐? 나의 종이니라!'라는 음성을 만날 수 있고 '멈추어라! 그대 참 아름답구나!'라는 인정하기를 엿볼 수 있다.

「살아가면서 제가 원하는 건 이것뿐이었어요. 제가 '이거 좋다'라고 말하면 '그거 좋네'라고 공감해 주고 제가 '그렇지?'라고 말하면 '그렇다'라고 말해주는 것」〈치히로 상〉 이것이 그토록 어렵단 말인가?

햇살은 그대 얼굴을 따스하게 비추고

웅원군을 만났을 때 팽이는 가뭄에 단비를 만난 듯했다. 먼지 풀풀 날리던 대지가 촉촉이 젖어 드는 느낌. 괴테 동산을 그려두고 이 땅에 그것을 하나씩 보여주는 그녀의 후반기 앞에 팽이는 한참을 앉아있었다.

지향점, 문장으로 그리는 풍경

60초 소설은 살아 움직이는 사람들의 '지향점'을 포착하고 스케치해 한 생명의 풍경화를 그리는 일이었다. 화폭에 담은 풍경화는 그에게 멈추어 자신을 돌아보게 하는 수채화 한 장이길 바랐다. '60초 소설'을 쓸 때 팽이의 온도는 꽤 상승했다. 그의 성장력을 느낄 수 있었다. 회상하는 눈빛, 호기심, 생기, 삶에 대한 기대. 시련이 닥쳤을 때 이를 이겨낸 생명이 어디까지 성장할 수 있을지 바라보는 것은 즐거운 일이다. 그 성장 범위가 어디까지 확장될지 알 수 없지만 사람으로부터 시작됨은 분명하다.

균형과 순환, '자연치유자 침구사'

태극(일원)으로 시작된 생명은 음양(이원론)으로 작동을 시작하고 오행(다원론)으로 생기를 주고받으며 생육과 번성을 하다가 원기가 다하면 생을 마치게 된다. 생명이 유지되기 위해서는 원기에 음양이 조화롭게 유지되어야 하는데 이 음양을 조화시키는 신경 흥분조절 물질이 호르몬(내 분비액)이다. 이 호르몬을 조절하는 '침구학'을 통해 경혈을 자극하여 음양의 조화를 이루는 것이 일상의 건강을 유지하는 비결이다. 하지만 우리는 이 기본을 잃고 오랜 세월 방황해 왔다.

'균형과 순환'의 기본 원리를 거스르면 재앙이 닥친다. 사유의 깊이는 사라지고 눈앞의 이득과 권모술수가 난무하게 된다. 생명의 탄생과 함께 옹달샘의 물처럼 흘러 실개천, 개울, 강을 거쳐 바다를 향해 끊임없이 흘러온 피처럼 침구사의 길은 멀고도 험난했지만 여전히 '흐르고 있다'라는 것을 발견했다.

백성의 건강지킴이였던 침구사의 행방을 찾아보니 50여 년의 세월 동안 그 기술과 효능이 세계 각국에 전파되었음에도 침구의 본거지 대한민국은 여전히 '침쟁이'를 면하지 못하고 있다. 신석기 시대 폄석까지는 아니더라도 철기시대였던 고려 시대까지만 거슬러 올라가도 1,500년이 넘는 세월 동안 흔들리며 생존을 유지하고 있다. 그 여정을 바라보니 마치 이 땅의 '우매한 백성의 수난사' 같아 마음이 아프다.

햇살은 그대 얼굴을 따스하게 비추고

"어두운 충동에 사로잡힌 선한 인간은 바른 길을 잘 인식하고 있다."

『파우스트』

사람들의 사유 속에 서식하고 있는 가진 사람들의 '선민의식'이 이 땅에서 어떻게 군림하고 있는지 그 불가항력적 욕망을 바라보는 일은 생명을 향한 몸부림의 한 단면을 보는 '즐거움'과 함께 '생기'를 북돋아 주기도 한다. 사실 그것은 어떤 경계도 없이 우리 각자에게 모두 존재한다는 사실, 2천 년 동안 핍박을 받으며 약자로 당하고 살아온 '유태인'에 한정되지 않는다는 사실이다. 각자가 선택받은 자라면 남을 볼 것도 없이 공평하다. 이를테면 '바람', '해', '달', '구름', '칼' 같이.

팽이는 내게 『피터 팬』의 팅커벨 같기도 하고 그루이자 나를 바라보는 '또 하나의 나'이다. 스스로 날아오른 순간부터 그걸 직감했다. '나'라는 인간에게 '자의식'으로부터 끊임없이 벗어나 무작정 쓰게 하는 존재이기도 하다. 또한 『바람이 언제나 그대 등 뒤에서 불기를』에서 나를 이끌었던 노인의 모습이기도 하다. 노인은 나에게 자꾸만 마음 너머에 둥지를 틀 것을 요구하고 돌아갈 집을 찾지

햇살은 그대 얼굴을 따스하게 비추고

못할 때마다 흐뭇하게 웃었다. 겨우 눈을 마주쳐 말이라도 걸어볼라치면 후다닥 포행을 떠난다. 내가 세상 속으로 도약하여 밥벌이하러 떠나면 슬그머니 오두막에 앉아 풍류를 즐기는 '얄미운 노인네'이기도 하다. 녹초가 되어 오두막에 도착해 보면 노인은 언제나 반딧불이 호롱불을 켜두고 자리를 비운다. 길을 일러주어도 그대로 갈 리 없는 인간이란 걸 알아차린 건 아닐까?

가을이면 몸살을 앓는다. 삶과 죽음 사이, 채움과 비움 사이, 봄과 가을 사이 미친 듯이 숲을 쏘다니다가 지쳐 쓰러질 즈음이면 언제나 가을 문턱이다. 팽이의 온도 0°C 『자의식』부터 팽이의 온도 81°C(60초 소설) 『해바라기 사랑』까지 써놓고 창밖을 본다. 가을비가 촉촉이 내린다. 잎은 아직 푸르른데 열매도 영글어야 하고 애초 계획대로라면 지금쯤 습기가 쏙 빠져나간 햇살이 사과의 심장으로 내리쪼여야 할 텐데. 연일 비 소식이다.

그의 주검을 가까이서 볼 수 없었다. 해바라기밭 대궁 뒤에 숨어 그의 하관을 숨죽여 지켜보았다. 지하로 그의 주검이 내려가고 흙을 퍼붓고 그 위에 작은 묘비가 세워졌다. "지금 마음이 어때요?"라며 금세 걸어올 것만 같은

햇살은 그대 얼굴을 따스하게 비추고

데 묘비 뒤쪽으로 노을이 진다. 눈물을 훔치려고 손수건이 든 가방에 손을 넣는데 손에 느껴지는 종이의 감촉. 편지 한 장과 그를 위한 조의금 봉투다.

그의 부고를 듣고 오는 길에 기차 안에서 쓰고 또 쓴 편지. 지폐 몇 장을 넣었다가 꺼내던 손이 낯설게 느껴졌다. '가족, 친지, 친구들 모두 사는 고국을 두고 하필 이런 이국땅에서….'에 생각이 미치자 그의 그리움과 방황의 세월이 떠오른다.

_ 팽이의 온도 81°C (60초 소설) 『해바라기 사랑』

삶은 매 순간 기울고, 기울면 비틀거리며 제자리를 찾기 위하여 흔들리지만 멈출 수는 없다. 견뎌낸 동력이 있고 사랑받은 시간이 있기 때문이다. 몸은 기울고 흐트러진 균형을 추스르기 위해 움직이고(균형과 순환) 삶의 이유에 대하여 끊임없이 질문하며 움직여(목표를 향한 행동 실천) 응원군(사유의 공간을 증폭시키는 지원군)으로 살아가다 보면 내가 응원했던 그 누군가는 방황을 멈추고 자신을 돌보기 시작하지 않을까? 유리병에 짧은 편지 한 장을 써 바다로 띄워 보내는 마음, 그 설렘으로 썼다. 잉크가 번져 문장이 엉망이 되거나 자의식에 사로잡혀 몽땅

햇살은 그대 얼굴을 따스하게 비추고

불 지르기 전에 서둘러 묶어놓고 가을을 맞이하겠다고 다짐하며. 눈이 점점 침침해지고 정신도 조금씩 느슨해지지만 영점을 조준하며 멈춤 없이 움직이다 보면 누구도 가보지 않은 그곳 어딘가에 도달하지 않겠는가? 혹은 운이 좋아 분투의 정점에서 객사할 수 있는 호사가 내려진다면 더할 나위 없겠지만.

혹시 아는가?
햇볕이 그대 얼굴을 따스하게 비추면
그대의 고단한 삶에도 온기가 더할지
다시 봄이 올지.

협곡을 박차고 뛰어오른 팽이가 세상을 선회하다가 눈에 밟히거나 가슴에 차올라 발톱을 세워 날아오르고 싶을 때마다 펜을 벼렸다. 꽃보다 더 꽃다운 사람 꽃을 만나면 이렇게 써보았다.

「사람 꽃」
불리지 않아 저 자신도 잊을 정도이지만 스쳐 가는 바람에 꽃을 피워 열매를 잉태하고 이 땅 처처에 또 씨를 뿌리는 사람 꽃이 있어요. 당신은 그런 꽃이에요. 그러니 힘

햇살은 그대 얼굴을 따스하게 비추고

내시고 활짝 웃으세요. -소요-

 세상을 선회하다 보면 '눈매가 깊은 사람'을 만나게 된다. 깊은 눈매에서 나오는 다정한 말 한마디는 벼랑 끝에 선 사람을 멈추게 한다. 포기하지 않게 하고 한 번 더 버텨낼 힘을 준다. 나는 '눈매'를 통하여 그 온도를 감지한다. 하찮고 우스운 얘기 같지만 사실이다. 그건 그의 눈매를 보며 질문할 때 감지된다.

 '60초 소설'을 쓸 때는 이렇게 질문한다. '당신의 인생을 소설로 쓴다면 어떤 이야기를 쓰고 싶으세요? 말씀해 주시면 소설로 써드립니다. 타자는 60초 정도 소요되지만 연필로는 3~5분 정도 소요됩니다.'

 '침구사' 역을 할 때는 이렇게 질문한다. '마음이 몹시 아프시네요. 몸은 어떠세요? 마음은 심장으로부터 시작되고 심장의 경락이 흐르는 유주(기가 흐르는 경로)에 허실, 한열의 사기가 침범한 듯합니다. 제가 도와드려도 될까요?'

응원군은 낮고 습한 곳에 소리 없이 서식한다. 호명해 주지 않아도 누구나 그렇게 끝 선에서 멈추게 하는 것들을 하나씩 품고 살아간다. 그런 생각이 들 때 팽이는 종달새가 되어 하늘을 빙빙 돌며 지저귄다.

다시 가을. 고개 들어 하늘을 본다. 유난히 습한 여름이었다. 견디는 것들이 외면당하고 때로는 이유 없이 밟히는 모습을 보면 목울대가 선다. 목울대와 함께 밥도 멈춘다. 밥맛이 싹 가시기 전에 서둘러 둥지로 돌아가야 한다. 날이 저문다.

다시 지향점을 찾아가기 위해 삼초에 자침을 하고 난 후 응원군을 소집하자. 햇살은 언제나 그대 얼굴을 따스하게 비출 것이다. 계절은 겨울로부터 시작되어 가을에 멈춘다. 겨울을 지나 봄을 맞이할 수 있다는 전제하에. 이 가을에는 다 비워낼 수 있을까? 사라진 오두막 자리에 가을비가 내린다. 노인은 걸으며 중얼거린다. '으흠, 좋구먼. 돌아갈 집이 사라졌으니 아주 좋구먼.'

팽이의 온도 0°C (60초 소설)

『자의식』

    태연하게 살아있는, 맛깔나고 생기있는, 축축하고 활력이 넘치는, 간결하고 단단한…. 문장을 쓰는 일은 다 허황된 꿈이자 헛소리일지도 모른다는 생각이 들었다. '누가 읽어보기나 할까?'라는 자의식이 다시 한번 고개를 드는 순간이었다.

    그러던 어느 날 문득 '문장으로 그림을 그려볼까?'라는 엉뚱한 상상을 하게 되었다. 댄 헐리의 '60초 소설'을 읽다가 떠오른 생각이다. '이거 내가 잘하는 건데… 팽이의 온도에 넣고 싶다'라는 생각을 하게 되었다. '진심으로 다가가 있는 그대로 그를 표현해주는 것'을 뛰어넘는 작품이 있을까?

햇살은 그대 얼굴을 따스하게 비추고

사람들이 원하는 가장 소중한 일은 '누군가 자신의 말에 진심으로 귀 기울여주는 것' 오직 접촉하라!!!〈에드워드 포스터(영국 소설가)〉, 시인은 거리에서 다른 사람들에게 말을 거는 사람〈워즈워드〉, 현실이 소설보다 훨씬 놀랍다〈『초인생활』, 베어드 스폴딩〉 이런 작가들이 힘이 되었다. '그런 문장을 쓸 수 있을까?'라는 생각을 하게 되었다.

원작자처럼 거리로 나서지는 않고 주로 카페나 맥줏집 등에서 이루어진 '60초 소설'의 만남은 이런 대화로 시작된다.

'60초 소설을 써드립니다.'

당신의 인생을 소설로 쓴다면 어떤 이야기를 하고 싶으세요? 말씀해 주시면 소설로 써드립니다. 타자를 하면 60초면 되겠지만 저는 연필로 써야 해서 3~5분 정도 걸립니다. 이 소설이 마음에 드신다면 구매하시면 됩니다. 가격은 '당신이 느끼신 만큼'인데 1천 원부터입니다. 이 금액은 가격이라는 의미보다 '증표'의 의미입니다. 이후에 당신의 소설을 출판해도 된다는 증표.

햇살은 그대 얼굴을 따스하게 비추고

당신의 존재를 몰라보았다면 이참에 당신의 '존재'를 보시게 될 수도 있어요. 운이 좋다면 말이죠. 문장으로 '당신 사진을 찍었다'라고 하면 그럴 듯할 거예요. 어때요? 그렇게 우연히 '60초 소설'을 시작했다. 질문('당신의 인생을 소설로 쓴다면 어떤 이야기를 쓰고 싶으세요?')에 응하는 사람을 한 명씩 만나며 써나갔다. '60초 소설'의 초고를 듣고 나서 '이건 내 소설이 아니다'라고 말하는 사람은 없었다. 내용 수정이나 보충을 요구하는 경우, 반영하기와 함께 한 번 더 그 부분을 질문하여 완성했다. 하지만 '60초 소설'은 순간의 감정과 감응이 중요하여 수정·보충은 가능하면 수용하지 않았다.

'60초 소설'을 구매한 주인공들은 대부분 소설 속에서 자신의 '진짜 마음'을 보았다고 표현했다. 소설을 나누는 과정에서 많은 생각과 추억과 고난을 이겨낸 시간을 나눌 수 있었다. '60초 소설'을 쓰는 과정에서 글을 쓰는 데 치명적인 '자의식'이 조금씩 사라지고 문장에 대하여 좀 더 태연해진 것, 좀 더 거리를 두고 쓰게 된 것, 주인공을 더 잘 이해하게 된 것은 큰 기쁨이다. 문장으로 그림을 그리다가 혹여 운좋게 주인공이 그의 '영혼'과 만난다면 그 또한 선물이 아닐까.

햇살은 그대 얼굴을 따스하게 비추고

CONTENTS

프롤로그　004

팽이의 온도 0°C
『자의식』　014

1장
겨울 방황
(12~2월)

팽이의 온도 1°C
목화솜 눈　026

팽이의 온도 2°C
안개비 내리는 백로마을　028

팽이의 온도 3°C
사랑하는 친구, 김대조 목사　031

팽이의 온도 4°C
침구사 장 선생　034

팽이의 온도 5°C
밥 한 끼의 사람 책　039

팽이의 온도 6°C
사랑이 밥 먹여줄까?　043

햇살은 그대 얼굴을 따스하게 비추고

펭이의 온도 7°C (60초 소설)
맥문동 화원　047

펭이의 온도 8°C (60초 소설)
동백이 피는 계절　049

펭이의 온도 9°C (60초 소설)
하얀 목련이 필 때면　051

펭이의 온도 10°C (60초 소설)
보스의 길　053

펭이의 온도 11°C (60초 소설)
경순의 순애보　055

2장
파종기, 돌아보고 만나기
(3~4월)

펭이의 온도 12°C
추억은 낙엽져도
나무는 봄을 맞이하겠구나　058

펭이의 온도 13°C
시간 여행자, 모모　062

펭이의 온도 14°C
사람을 보내며　065

펭이의 온도 15°C
에미, 오십이다　069

펭이의 온도 16°C
화양연화　072

펭이의 온도 17°C
자유의 땅　076

펭이의 온도 18°C
사랑하는 김범수 님　079

햇살은 그대 얼굴을 따스하게 비추고

팽이의 온도 19°C
바라산 벚꽃엔딩   082

팽이의 온도 20°C
희망 충전 상담 여행   085

팽이의 온도 21°C
경칩 아우성   088

팽이의 온도 22°C
햇살 마중(파종기)   090

팽이의 온도 23°C
사랑했던 주순 씨   093

팽이의 온도 24°C (60초 소설)
물방울 화가   096

팽이의 온도 25°C (60초 소설)
철의 연대   098

팽이의 온도 26°C (60초 소설)
내 인생의 변곡점   100

팽이의 온도 27°C (60초 소설)
엄마의 말주변   102

팽이의 온도 28°C (60초 소설)
나가사키에서 울다   106

팽이의 온도 29°C (60초 소설)
무전 여행자 겸이   108

3장
봄의 성찰
(5월의 노래)

팽이의 온도 30°C
연꽃   112

팽이의 온도 31°C
스승에게 바치는 헌사   114

햇살은 그대 얼굴을 따스하게 비추고

펭이의 온도 32°C
두 어머니의 죽음   116

펭이의 온도 33°C
수행자, 여백서원 전영애 시인   120

펭이의 온도 34°C
햇살은 그대 얼굴을 따스하게 비추고   126

펭이의 온도 35°C
저기 뭉크가 걸어간다   132

펭이의 온도 36°C
'감'에 대하여   135

펭이의 온도 37°C
숨비소리   139

펭이의 온도 38°C
여주 찍고 마라도   141

펭이의 온도 39°C (60초 소설)
활주로에 내린 지구별 여행자   143

펭이의 온도 40°C (60초 소설)
형심 씨의 노란 장화   145

펭이의 온도 41°C (60초 소설)
반딧불이 불꽃   148

펭이의 온도 42°C (60초 소설)
경구네 식당   151

펭이의 온도 43°C (60초 소설)
흑산도 성호   153

펭이의 온도 44°C (60초 소설)
장미꽃 하니   155

햇살은 그대 얼굴을 따스하게 비추고

4장
여름, 지혜
(6~8월)

펭이의 온도 45°C (파우 스타 통신)
독서팀 '파우 스타' 158

펭이의 온도 46°C
오늘 161

펭이의 온도 47°C
구름이 어깨를 감싸 안았다 163

펭이의 온도 48°C
겨자씨가 자라 166

펭이의 온도 49°C
안녕, 노루 168

펭이의 온도 50°C
낭만에 대하여 172

펭이의 온도 51°C
토란잎에 장맛비 175

펭이의 온도 52°C
맹꽁이가 살아요 178

펭이의 온도 53°C
여름의 뒷모습 180

펭이의 온도 54°C (60초 소설)
그해 여름은 따듯했네 183

펭이의 온도 55°C (60초 소설)
나(영)의 정원 185

펭이의 온도 56°C (60초 소설)
근수 씨의 물타기 187

펭이의 온도 57°C (60초 소설)
목화 꽃송이 189

펭이의 온도 58°C (60초 소설)
영순의 아름다운 꽃밭 193

햇살은 그대 얼굴을 따스하게 비추고

펭이의 온도 59°C (60초 소설)
뗏목이 된 파도　195

5장
가을 성장
비워낼 용기
(9~11월)

펭이의 온도 60°C (파우 스타 통신 2)
여백 뜰에서 몸들은 어때요?　198

펭이의 온도 61°C
바보 같은 상상을 했어요　201

펭이의 온도 62°C
가비양 컬렉션　203

펭이의 온도 63°C
움직이는 풍경　208

펭이의 온도 64°C
햇살 마중(가을)　210

펭이의 온도 65°C
나는 행복하다　211

펭이의 온도 66°C
강천섬 가을　213

펭이의 온도 67°C
세상의 모든 음악　216

펭이의 온도 68°C
꽃무릇　218

펭이의 온도 69°C
어머니의 산, 비오 낫세이　220

펭이의 온도 70°C
당신의 무늬는 흩어집니다　222

펭이의 온도 71°C
한 아름　224

햇살은 그대 얼굴을 따스하게 비추고

펭이의 온도 72°C
당신의 남이섬 228

펭이의 온도 73°C
천 년 나무 230

펭이의 온도 74°C
뭉게구름 233

펭이의 온도 75°C
가을, 감꽃 추억 236

펭이의 온도 76°C
정든 지옥, 가족 238

펭이의 온도 77°C (60초 소설)
그 남자의 어깨와 귀 241

펭이의 온도 78°C (60초 소설)
21세기 하이디 243

펭이의 온도 79°C (60초 소설)
동생과 친구를 위하여 245

펭이의 온도 80°C (60초 소설)
해변의 거북 247

펭이의 온도 81°C (60초 소설)
해바라기 사랑 252

에필로그 255

햇살은 그대 얼굴을 따스하게 비추고

햇살은 그대 얼굴을 따스하게 비추고

1장

겨울 방황
(12~2월)

펑이의 온도 1°C

목화솜 눈

　눈이 목화솜처럼 내린다. 마음은 아무리 깊숙한 곳에 숨어있어도 죽거나 사라지지 않는다. 유년 시절 추억을 되살린다. 먹을 것이 없어 늘 입이 깔깔하던 시절, 목화를 따 먹었다. 꽃이 진 자리에 다래처럼 몽실거리며 부풀어 오르던 목화를 따 먹으면 조금 설익은 다래 맛이 났다. 늘 단것이 갈급했던 시절에 맛보았던 그 달콤한 맛이 고스란히 살아난다. 눈이 목화솜처럼 내린다. 눈과 오래 눈을 마주했다. 따먹지 않은 목화는 가을이 깊어 갈수록 하얀 솜털로 벙글어 갔다. 늘 가난하고 허기져 굴뚝의 연기만 보아도 뱃속에서 '꼬르륵' 소리가 나던 시절, 목화밭을 지나면 '이제 겨울이 와도 상관없겠다'라는 생각이 들었다.

햇살은 그대 얼굴을 따스하게 비추고

그러던 어느 날 목화는 우리 주변을 떠났다. 작별 인사도 없이 떠났고 소식도 없이 수십 년이 흘렀다. 목화도 세월과 함께 떠났다. 목화의 맛과 함께 소록소록하던 추억들도 모두 잊혀져 갔다. 지금 소식을 전할 수 없는 사람들은 모두 목화와 함께 떠난 건 아닐까? 문득 눈이 목화솜처럼 내리니 그리운 사람들이 돌아올지도 모른다. 올해는 목화밭이 하얗게 살아날지도 모른다.

목화는 지지 않는 꽃이다. 마음속 깊이 새겨진 추억은 목화꽃처럼 지지 않는다. 꽃이 지고 나서 피어나는 보송보송한 솜털…. 가난하던 시절에는 추위도 가난만큼이나 시렸다. 춥고 가난했지만 수십 번의 겨울을 보냈다. 하물며 쉰 번이 훌쩍 넘는 겨울 동안 얼마나 많은 사람이 떠나갔을까? 목화의 군중이 소리 없이 진군한다. 세상 누군가는 고개를 들어 저 소리를 들을 것이다. 가만히 숨죽이고 오래도록 귀 기울여야 들을 수 있는 소리를.

햇살은 그대 얼굴을 따스하게 비추고

팽이의 온도 2°C

안개비 내리는 백로마을

얼어붙은 논두렁이랑 언덕으로 겨울비가 내린다. 겨울비 내린 개울가에 안개가 자욱하다. 동네 어귀 웃자란 소나무 위로 날아들던 백로 떼가 생각난다. 동네 이발소 누런 벽지에 30년 동안 변함없이 걸려 있던 액자들, 명조체 글씨와 한결같은 색채의 그림들.

'시간은 돈이다. 인내는 쓰고 열매는 달다. 새끼 열 마리 젖을 주던 돼지, 능수버들 늘어진 동네 어귀 춘향과 이 도령의 이별, 물이 튀어나올 것만 같은 폭포, 소나무 위로 날아들던 백로 떼가 그려진 액자'. 아니, 학이었나?

햇살은 그대 얼굴을 따스하게 비추고

멀리서 보면 병풍 그림처럼 고즈넉하고 단아하지만 가까이 가서 보면 그렇게 잔인할 수 없는 소나무 군락지였다. 백로를 보며 걷다 보면 소나무 아래로 개구리 뒷다리, 토막 난 뱀 대가리, 똥, 진흙 덩이와 지푸라기, 종류를 알 수 없는 열매들, 가끔 족제비 꼬리나 토끼 귀도 널브러져 있었다.

겨울 안개비가 내리면 잠들었던 시간이 동네 어귀 소나무 아래로 뭉게뭉게 일어선다. 백로가 떠나고 나면 둥지는 실루엣만 가물거리고 솔잎 사이로 달빛만 조용히 살랑댔다. 백로가 살던 둥지에 학이 다녀갔는가?

나는 밤새 소나무 군락지에 안개비가 내리는 뒤숭숭한 꿈을 꾸었다. 안개비가 자욱이 내리는 마을을 밤새 걸어 다녀도 아침이 오지 않아 식은땀을 흘렸다. 그때 사람들은 안개비를 맞으며 개울을 가로질러 마을 어귀에 모여 수군거리고 있었다. 겨울이라기엔 춥지 않고 봄이라기엔 제법 쌀쌀한 겨울이었다. 그날 꼭꼭 뭉쳐두었던 추억이 안개비 속으로 천천히 풀어져 간다. 추억은 공간을 넘어서는구나. 거기 백로 떼가 둥지를 틀었던 소나무에 목을 맨 오 씨 아주머니가 수세미처럼 매달려 있었다. 그날 황

햇살은 그대 얼굴을 따스하게 비추고

망한 사람들은 각자의 시간을 나무에 묶어두고 몇은 시간을 떼어내 눈에 가슴에 또 몇은 술에 담그거나 한숨에 쏟아 보내며 조용히 집으로 돌아갔다.

계묘년!
밤톨 머리 하나가 공항 개찰구 검색대로 사라졌다. 시간이 빠져나갔다. 다른 공간으로 아주 낯선 자본주의와 민주주의의 터전이었던 곳으로. 나는 빠져나간 시간의 뒤통수를 한참 바라보고 섰다가 돌아섰다. 눈물이 주르르 흘러내렸다. 누구나 그렇게 저만의 시간 속으로 하나둘 떠나가겠지. 공간이 시간을, 시간이 심장을, 심장이 마음을 가두어 둘 수는 없을 것이다.

'메이플라워'호의 돛도 저랬을까? 바람이 통과해가는 무심한 시간 속으로 안개비가 내린다. 그렇게 시간이 개찰구를 쏙 빠져 나간다. 바람이 불지 않는데…. 안개는 눕지도 서지도 못하고 내내 추억 근처를 어슬렁대고 있다.

2023년 계묘년은 라이브다. 설렘을 유지하는 나만의 방식이다. 라이브는 나이브와 많이 닮았다. 맨몸이라는 점에서 더 그러하다. 백로 마을에 안개가 자욱하다.

햇살은 그대 얼굴을 따스하게 비추고

팽이의 온도 3°C

사랑하는 친구, 김대조 목사

힘겨운 시절 떡볶이, 순대를 같이 먹고 싶은 친구가 있었다. 그가 대조, 김대조 목사다. 화영이, 한용이, 나는 대조가 대통령이 될 거란 걸 의심할 수 없었다. 대조는 의리의 사나이!!! 사나이 중의 사나이였다. 친구를 삥뜯는 애들이 있었다. 공부 못하고 맨날 아버지한테서 존나 맞고 살던 애들은 트라우마가 있었다. 그 트라우마를 한마디로 표현하면 '삥'이다.

같은 반 애들 중에 만만한 애들을 화장실 뒤로 불러내 돈을 뜯었다. 반장도 통제가 안 되는 개한테 주눅 들지 않는 애들이 없었다. 대조를 제외하면. 대조는 녀석 앞을 막아서며 이렇게 말했다. "너, 왜 그러는데? 왜 친구를 때리

햇살은 그대 얼굴을 따스하게 비추고

는데? 너, 와카는데? 다른 사람도 아니고 친구를. 너 왜 그 카는데?"

그 뒤로 대조가 걔랑 무슨 일이 있었는지 나는 모른다. 분명한 건 그날 이후 그 친구는 대조가 보이는 곳에서는 '뼹'을 뜯지 못했다는 것이다. 대조는 공부든 운동이든 잘 해내기에는 몸이 연약해 보여 늘 걱정이 되었다. 그때마다 대조는 어디 조용한 곳에서 두 손 모아 기도하고 있었다. 그걸 본 나는 어이가 없었다. 화영이도 한용이도 그 모습을 좀처럼 이해할 수 없었다. 대조가 8년 동안 영국 유학하면서 서울 '사랑의 교회' 부목사를 감당할 때까지도 우리는 그 교회를 몰랐다. 옥한흠 목사가 대조를 기꺼워한다는 것도 몰랐고 대조가 취직은 했는지, 뭘 하고 사는지 알기까지는 20년의 세월이 필요했다. 그가 내 친구, 김대조 목사다.

지금 김대조 목사는 '주님 기쁨의 교회' 담임목사다. 교회를 안 다니는 화영이, 한용이는 담임이라는 소식을 듣고 대조가 어디 중·고등학교 담임선생인 줄 알았다. 친구들은 그 담임이 우리가 생각하는 우리가 늘 불렀던 담탱이 즉, 담임과 다른 직종이라는 사실을 또 3년이 지나

서야 어렴풋이 알게 되었다. 대조가 대통령을 넘어섰을 거라는 사실을 아는 데는 23년의 세월이 필요했던 거다. 나는 친구가 몇 있다. 내가 사랑하고 존경하는 친구, 김대조 목사는 인간들 중 믿어도 될 사람 중 한 명이다.

팽이의 온도 4°C

침구사 장 선생

어릴 때 나는 잔병이 많았다. 들리는 말로는 아플 때마다 '헛소리'를 했단다. 새터 찬수 엄마가 개울에서 빨래하며 떠들던 얘기부터 선생한테서 귀퉁배기 맞은 일, 만원 버스 안에서 라이터돌처럼 끼어 입냄새나는 귀순이 선배에게 뱉어내던 욕설까지. 몸이 허해 식은땀이 나고 어지러우면 밤새 며칠 묵은 '헛소리'를 해대 엄마를 잠 못들게 했다.

어느 날 머리 한가운데 백회 자리에 고름이 끼고 이마까지 이상한 혹이 불거져 엄마가 장 선생한테 데려갔다. 장 선생은 다짜고짜 "사혈부터 해야겠네."라며 누런 삼베 보자기에서 송곳처럼 길고 뾰족한 침을 꺼내 광대뼈와 눈

햇살은 그대 얼굴을 따스하게 비추고

두덩이를 사정없이 찍어 피를 뽑았다.

장 선생은 붉은 눈동자에 뽀얀 피부, 작은 키에 목소리가 쩌렁쩌렁한 노인이었다. 그는 30여 가구 동네 사람들의 주치의였다. 아니, 정신적 지주이자 멘토였다. 입이 삐뚤어졌을 때, 여편네가 집을 나갔을 때, 사람이 죽었을 때는 병증, 사인부터 묫자리까지 장 선생을 거치지 않은 사람이 없었다. 치료의 대가로 고구마든 겉보리든 청솔가지로 푹 고아낸 엿이든 곶감이든 무엇을 내놔도 장 선생은 "이제 됐네." 한마디만 일갈할 뿐이었다.

장 선생은 우리 동네뿐만 아니라 옆 동네, 건넛마을 지나 우리나라 시골구석마다 있었다. 침의 효능은 1만 년의 임상 경험으로 입증되었고 현대에는 수많은 논문과 연구에서 그 효과가 입증되었다. 보통사람이라면 누구나 알고 있는 근거 기반 실천이다.

이웃 선진국들은 체계적인 침술사 육성 시스템과 법 제도를 통해 침구사를 육성하며 의과대학에서도 적극적으로 그 효과성을 환자에 적용하고 있다. 임상만으로도 침의 역사는 1만 년이 넘는다. 황제내경으로도 족히 1천 년.

햇살은 그대 얼굴을 따스하게 비추고

미국, 일본, 중국, 독일, 프랑스 등 유럽 선진국까지 의과 대학에 침구학을 포함해 치료 효과를 극대화하고 있다. 침술사 자격 과정은 일본 3년, 중국 3년, 미국 3년, 러시아 3년, 프랑스 4년, 독일 4년 등 많은 나라들이 법제화하여 운영하고 있다. 침을 낯설어하던 미국, 유럽 등에서도 수천, 수만 명의 침술사가 활동하고 있다. 발 빠른 미국은 의학 분야에서 이미 침구의 선두주자로 자리매김하고 있다. 모름지기 현대 의학에서 침뜸술을 두고 밥그릇 싸움하는 나라는 세계에서 우리나라가 유일해 보인다. 이런 현상이 안타까운 것은 그 피해가 고스란히 우리 보통 서민에게 돌아오기 때문이다.

해방 이후 현재에 이르기까지 중국을 비롯해 미국, 일본, 독일, 프랑스 등 세계 많은 나라가 침구의 효과를 의학 분야에 접목하여 환자에게 더 나은 혜택을 제공하며 상생하고 조선에는 법령이 제정되어 시행되었음에도 침구사 장 선생의 후예들을 찾는 데 어려움을 겪고 있다. 무책임한 부모 밑에서 자란 자식의 생명력은 어떤 것일까? 작금 그 부분을 고민하는 것이 침구사 장 선생의 현 주소다. 대한민국에는 침구사가 있다. 침구사 제도는 현행법(의료법 81조)에 명시되어 있을 뿐만 아니라 누구나 중학교 이상의 학력에 일정한 자격 과정을 이수(자격기본법) 하면 침구사로 활동할 수 있다.

　침구사 제도는 인간의 자연치유력을 경혈 자극을 통하여 회복하는 일이다. 병증이 깊어지기 전에 평소 몸에 침투한 사기(邪氣)를 다스려 몸의 균형을 유지하는 중요한 수단 중 하나로 활용하는 것이 침술이다. 이는 병증을 사전 예방할 수 있는 효과가 있을 뿐만 아니라 건강을 유지하는 방법이기도 하다. 바야흐로 100세 시대다. 다양한 방면에서 효과가 입증된 침구술이 정착하는 일은 20만 명의 미래 일자리 창출은 물론 건강 악화를 사전 예방하여 국민건강 복지를 지키는 초석이 될 수 있다.

　조선에서 서민의 병환을 책임졌던 '침구사 장 선생'의 후계자는 해방 이후 2008년 2월 29일까지 지난의 세월을 거치며 침구사 제도로 부활하기 시작했다. 2008년 3월 1일 의료유사업법 시행령이 선포된 지 15년. 여전히 우리는 발을 접질리거나 팔을 삐거나 이명으로 온종일 벌레 소리가 들려도 '장 선생'의 일침 한방을 마음 놓고 맞을 침구원을 찾기가 쉽지 않다. "그거 부작용 없어? 합법이야? 국가 자격 아니지? 침은 아파서 못 맞아. 화상에 침이라니…." 하지만 우리는 주변에서 쉽게 이런 이야기를 들을 수 있다. 누구도 더이상 손쓸 수 없던 어머니, 아버지, 아들딸이 용한 침쟁이를 만나 회복되어 살아가고 있다는 말. 장 선생은 우리 민초의 주치의와 같은 사람이었다. 아련한 통증과 함께 아련한 추억이 되살아난다. 재야의 장 선생이 중국이나 일본 정도를 앞지를 만큼 대우받는 세상이 오길 꿈꾸어 본다. 먼 거리 산간벽지 사람들이 더 이상 아픈 몸을 이끌고 이리저리 끌려다니며 수모를 당하지 않도록 방방곡곡 품격있는 침구사가 활동하길 기대한다. 장 선생과 함께 사라진 '사람에 대한 존중과 위로'를 되살린다면 세상이 좀 더 살 만해질까? "마음이 많이 아프셨네요. 몸은 좀 어떠세요? 제가 당신의 아픈 몸을 좀 돌봐드려도 괜찮을지요? 손을 내밀어 보세요. 제 눈을 보시고요. 당신은 이제 몸도 마음도 한결 가벼워지실 겁니다." 1만 년의 세월을 건너 장 선생이 돌아왔다. 여기 몸이 아파 신음하는 사람이 있다. '신속히 진통을 줄여 부작용 없이 간편하게 어디서나 쉽게' 도움을 청할 사람이 있다면 그가 '장 선생'이다. 장 선생의 여정을 추적하다 보면 침구사의 피나는 역사를 발견하게 된다.

햇살은 그대 얼굴을 따스하게 비추고

팽이의 온도 5°C

밥 한 끼의 사람 책

집필 중인 소설 속 주인공들이 밖으로 걸어 나올 때가 가끔 있다. 그런 날이 있다. 그런 날은 오래오래 산을 바라보며 넋 놓고 앉아있어야 한다. 눈이 쏟아지는 날이었다. 문득 이런 생각이 들었다. '저 눈발이 밥이었으면 삶이 이토록 스산하진 않았을 텐데….' 밥 한 끼 먹고 먹이려고 눈물 글썽한 사람들이 있다. 허기진 자는 허기진 대로 주린 배를 보는 자는 그의 허기를 어찌할까 걱정되어 그럴 것이다.

호흡기를 타고 바이러스가 온몸을 장악했다. 기침을 내뱉으며 바람의 광장, 유리도서관을 열었다. 교지가 완성되었다는 전갈이다. 유리도서관에 꽂힌 '사람 책'을 만났

햇살은 그대 얼굴을 따스하게 비추고

다. 가죽 장정된 사람 책은 투명한 유리도서관에 빼곡히 서서 하늘을 향하여 나선형으로 정렬되어 있었다. 사람 책은 붉은 십자가 아래, 푸른 불빛이 타오르는 곳에서 가지런히 꽂혀 있었다. 사람 책으로 남은 사람은 삶과 죽음의 경계에서 깊은 고뇌의 궤적을 남긴 사람들이었다. 사람 책 하나를 빼 들었다. 그는 초로의 중년 남자였다. 그의 호흡을 붙잡고 그에게 물었다.

"당신은 무엇 때문에 죽을 각오를 했는지요?"

"모욕감을 느꼈어요. 시대에 권력에 아니, 한 끼 밥 앞에."

"그게 무슨?"

"견뎠거든요. 식구를 위해 그게 어떤 건지 생각할 겨를도 없이 견뎌냈는데 어느 날 문득 그게 하찮게 여겨졌어요."

"그동안 뿌린 피가 얼마인데 저런 파렴치한이 판치는 세상밖에 보여줄 게 없다는 게…. 염치가 없었어요."

"그럼 좀 더 버텨보세요. 끝없이 서 있는 저 사람 책을 보세요. 하루에도 수십 수백 권이 불타 잿더미로 나뒹굴어요. 호흡을 못 견디면 지는 거예요."

"숨이 멎어 심장이 터질 것 같은데…."

"다 그렇게 견뎌요. 겨울에는 모두 그렇게 견뎌요. 숨죽인 능선을 보세요. 까마귀, 때까치 날갯짓 소리 외에는 숨소리도 들리지 않아요."

싹이 돋는다. 겨우내 밥 한 끼 먹지 않고도 싹이 돋는다. 우수가 지나면 이 적막한 능선에 노랑, 연두, 초록의 순들이 진입할 것이다. 그때까지 견디는 거다. 어떤 수모에도 모멸감에도 흔들리지 않는 사람 책이 진열된 유리도서관에 첫 번째 손님이 당도했다. 진이는 그를 명상의 방 앞에 눕혀놓고 그의 호흡을 잡아둔다.

고뇌의 온도가 수국의 정원으로 전달된다. '아, 그는 죽음을 무릅쓰고 살아왔구나! 사는 데 죽음을 무릅써야 하다니!' '백지' 앞에 멈춰 선 내 어리석은 노래는 아직 한겨울이다. 이젠 헛된 희망이나 꿈, 사람에 대한 기대 같은 건 모두 내려놓고 걸어가야겠다. 주린 배에 '밥 한 끼' 먹을 만큼만, 딱 그만큼씩만 걸어가야겠다. 진이와 함께 천상 제국에서 귀환한 '움직이는 불빛'은 별 무리를 모아 그의 처진 어깨에 뿌린다. 그는 아직 살아있다. 도드라진 갈비뼈 아래로 움푹 들어간 배가 들썩거린다.

햇살은 그대 얼굴을 따스하게 비추고

겨우내 능선은 밥 한 끼 먹지 못했다. 춥고 메마른 겨울이었다. 도심에서 쫓겨난 것들을 조용히 품고 있던 능선은 깊은 숨과 함께 돌아눕는다. 우수의 눈발이 그를 도발했구나. 용선은 두꺼비 수문장과 함께 오솔길을 돌아 유리도서관을 내려다본다. 전사가 되어 귀환한 전사들에게 임무가 주어진다.

"밥 한 끼의 사람 책을 지켜라!"

팽이의 온도 6°C

사랑이 밥 먹여줄까?

　김하종 신부님한테는 그렇다. 하지만 나에게 사랑은 굶주림과 함께 떠오르는 진창 계곡이다. 동기 면담 기반 의사소통카드 활동을 할 때마다 뒷문을 열고 슬그머니 훔쳐보고 가시곤 하던 신부님과 3년 만에 같이 밥도 먹고 커피도 마셨다. 작정하고 맛난 밥 한 끼 대접하고 싶었는데 '안나의 집'보다 맛난 맛집은 없다신다. 늘 한 속도씩 밀렸다. 먼저 앉으라고 권하실 때부터 "감사합….""아니, 내가 감사합니다."

　밥을 먹고 일어서기가 무섭게 내 식판을 당신 식판 위에 얹어 세척실로 가져가신다. 무슨 말을 할 시간도, 따라갈 시간도 없다. 벌써 식기를 치우고 오신다. 커피도 직접

햇살은 그대 얼굴을 따스하게 비추고

타시며 일어나지도 못하게 하신다. 책도 먼저 팔에 끼고 오시고…. 세상을 두리번거리느라 늘 한 박자 느린 '나'를 신부님은 저만치 앞서가신다.

'어떡하지?' 걱정한 끝에 진한 커피가 몸속에 들어오자 이런 말을 떠올렸다.

'당신은 (밥을) 퍼부으세요. 나는 (마음을) 밀어붙여 볼 테니.'

말하고 나니 글쓰기에 익숙한 나의 궁상 같아 머쓱하고 뻘쭘하고 민망한 생각이 들어 피식 웃음이 나온다.

슬쩍 이 생각을 비켜 가며 이렇게 말했다.

"신부님은 친구들 밥을 먹여주세요. 나는 마음 근육을 단련시켜볼 테니…."

모두 긴 시간이 필요한 일일 것이다. 10년이나 된 듯한 친근감이 느껴지는 건 '감사'에 대한 공통점 때문일 것이다. 줄 수 있는 게 밥뿐이어서 걱정뿐이어서 미안하지만 '밥 한 끼, 걱정 한 소듬'은 사람을 사랑하는 시발점이라는 뻔뻔한 자신감이 생겼다. "밥은 먹었니? 힘들지? 걱정이구나. 너 괜찮은 거지? 괜찮을 거야." 이런 말이 우리를 얼마나 살아가게 해주는가?

햇살은 그대 얼굴을 따스하게 비추고

신부님은 유일한 취미인 '자전거 질주'로 다져진 몸으로 노숙인 친구 700명에게 밥을 준다. 30여 년의 이국 생활이다. 그는 말했다. "책(사랑이 밥 먹여준다)이 밥 먹여 줄 수 있을 거라고 생각하진 않는다. 알다시피 책은 돈이 안 된다. 하지만 누군가 이 책을 읽고 그의 마음이 움직이면 기꺼이 '안나의 집'에 기부할 것이다. 책 제목만 읽어도 좋으니 '안나의 집'에 많이 기부해 주시길 바란다." 돈이든 쌀이든 어깨든 말 한마디든 기도든 뭐든지 상관없다. 동네에 노숙인이 모여 든다고 민원 같은 걸 제기하지 않는 것도 기부다. 참고 기다려주는 것도 큰 기부다.

이역만리 이탈리아에서 떠나온 지 30여 년, 신부님은 "이제 '안나의 집' 직원들의 아버지보다 내 나이가 많다"라며 목젖이 보이도록 웃는다. 내년이면 무임승차가 가능하여 "뒷자리에서 다리 꼬고 '에헴' 할 수 있다"라며 좋아하신다. 시설 생활 이후의 삶에도 주목하여 '안나의 집' 퇴소 이후의 프로그램 지원 방법을 찾아보기로 하였다. 코로나로 오랜만에 활동을 시작했다. 활동에 참여했던 분 중 2명만 남았다. 밝고 건강해지셨다. 첫 만남 때의 텅 빈 눈매와 빠진 앞니가 채워져 몰라보게 건강해지셨다. 수다 떨다가 1시간이 후딱 지나갔다. 새로 입소한 얼굴 중 20

햇살은 그대 얼굴을 따스하게 비추고

대가 2명 있다. 많이 아픈 청춘이다. 아프니까 청춘이 아니다. 이 땅 조선은 다 아프다.

  욕망의 진창
  기울어진 운동장
  백성의 눈을 멀게 하는
  저 기름진 혓바닥
  내가 사랑했던 사회복지사는 누구를 선택했을까?
  사랑은 밥 먹여주기도 하고 걱정하게도 한다.
  식아! 네가 없는 이 땅은 여전히 괜찮지 않다.
  사랑으로 밥 먹여주는 저 이역만리 신부님의 기도가 허기를 달랠 수 있다.
  내게 사랑은 아프지만 걱정할 힘을 준다.

팽이의 온도 7°C (60초 소설)

맥문동 화원

맥문동 화단에 뱀이 출몰했다. 경희 씨가 제일 싫어하는 동물이다. '야비한 대가리와 징그러운 몸'. 경희 씨는 뱀을 햇빛에 던지고 맥문동 정원으로 걸어갔다.

한때 경희 씨는 맥문동보다 들국화, 장미, 국화, 수국을 좋아했다. 적어도 뱀을 만나기 전까지는. 보랏빛 맥문동 화원 앞에서 경희 씨가 환하게 웃는다. 경희 씨의 웃음에는 영혼을 흔드는 환대가 들어있다. 그녀의 환대를 받아본 사람은 알 것이다. '고운 피부, 백옥같이 희고 고른 치아, 맥문동보다 환한 미소와 따뜻한 눈빛'. 경희 씨의 환대 속에는 아들딸, 손자와 애증의 남편이 있다. 어쩌면 그들은 맥문동 때문에 여기까지 왔는지 모른다. 뱀이 출몰한

햇살은 그대 얼굴을 따스하게 비추고

이후의 맥문동.

　저만치 경희 씨가 걸어간다. 쓸쓸함도 분노도 서운함도 애달픔도 모두 지나갔다. 보랏빛 맥문동이 지천인 화원으로 바람이 분다. 걸어가는 경희 씨의 뒤태에 주고 싶은 게 있다. '분홍색 머플러와 소주 한 잔 그리고 이 한마디'. "이봐요! 경희 씨, 당신 괜찮아요 당신 앞에는 맥문동 화원이 펼쳐져 있고 당신 곁에는 독수리 5형제가 있으니까." 경희 씨가 씽긋 웃으며 맥문동 화원으로 걸어간다. 경희 씨의 앞날에 귀엽고 상큼하고 앙큼한 내일이 기대된다.

_ 2023. 2. 16. 가비양, 명경희 님

팽이의 온도 8°C (60초 소설)

동백이 피는 계절

장미!?

아니, 은미는 동백 쪽이다.

가시가 없기 때문이다.

장미처럼 화려하거나 표독하지 않고 너저분한 넝쿨로 세상을 기웃거리지도 않는다.

은미는 바다가 보이는 산등성이 아래 고적한 선운사의 병풍산, 제주 앞바다 앞을 천천히 걸으며 파도를 바라보는 동백이다. 붉은색과 꽃망울이 장미를 닮았지만 장미처럼 힘들여 멋을 내거나 가시를 숨기고 사람을 염탐하지 않는다. 물먹은 입과 낯 씻은 얼굴로 은미가 환하게 웃는다. 당신이 누구든 동백을 보거든 발걸음을 멈추고 조용

햇살은 그대 얼굴을 따스하게 비추고

히 그 꽃과 눈을 마주쳐라. 거기 은미가 은백의 눈빛으로 파도를 머금고 서 있을 것이다. 동백은 지지 않는 꽃이다.

_ 2023. 2. 9. 커반에서 박은미 님

팽이의 온도 9°C (60초 소설)

하얀 목련이 필 때면

목련을 아는 사람은 미현을 알 것이다. 목련은 초봄 3월이나 4월 초쯤 봄의 전령이 되어 찾아온다. '소담하고 웅장하며 품격있는' 모습으로 봄을 거느리고 진군하는 사람이다. 미현은 교만하지 않다. 그 증거는 다른 꽃들이 필 때 드러난다. 목련은 봄의 진짜 주인인 매화, 싸리꽃이 피고 연둣빛 버들강아지가 강둑을 걸어오면 뒤돌아보지 않고 떨어지기 때문이다.

참수형 당한 듯 떨어지는 처참한 목련 꽃송이. 여름 가을의 꽃들이 눈부시지만 미현의 목련을 따라올 수는 없을 것이다.

햇살은 그대 얼굴을 따스하게 비추고

'품격, 낭만, 거침없는 웃음'
이는 미현의 긍지이자 삶의 동력이다. 그래서 미현의 웃음소리에는 억센 바람이 들어있다. 어느 날 삶이 시들해지거나 울컥해지면 미현의 웃음소리를 떠올려 보시라. 그 삶이 다시 생기를 띨 것이다.

산들바람이 불어온다. 미현이 흐드러지게 웃는다. 미현의 웃음소리에 목련이 물기를 머금고 우수수 떨어진다. 문 앞에 봄이 당도했다는 소식이다.

_ 2023. 2. 9. 커반에서 김미현 님

햇살은 그대 얼굴을 따스하게 비추고

팽이의 온도 10°C (60초 소설)

보스의 길

저만치 상남자가 걸어간다. 어깨, 골반, 팔뚝, 눈빛….

(언제나 그렇지만) 영화는 현실을 따라잡지 못한다. 이를테면 마동석 같은 배우! '마동석'은 잘 나가는 배우지만 현실을 따라잡진 못한다. 현실의 뒤에서 현실을 엿보는 정도…. 이는 혜주 씨를 보면 더욱 도드라진다(물론 현실을 앞지르는 배우도 있다. 스크린을 찢고 나오는 미친 배우도 있으니까). 상남자 포스의 혜주, 그녀는 배우를 넘어섰다. 하물며 혜주는 여자다. 정혜주는 그런 사람이다.

그런 혜주가 버린 사람이 있다. 혜주가 버릴 정도의 인간이라면 그가 누구든 삶의 평지 이하 지하 5m 정도에서

햇살은 그대 얼굴을 따스하게 비추고

사는 '지하 인간'일 것이다. 혜주 씨 주변에 알토란 같은 사람들이 모여있는 이유다.

혜주는 마중물이다. 어떤 물살이든 어떤 마음이든 어떤 상처든 혜주를 만나면 아문다. 생기를 띤다. 혜주의 마중물은 '자기'를 내세우지 않고 그저 거침없이 퍼 올리고 함께 흐르는 일이다. 아들 동찬이는 혜주를 닮았다. '당돌하고 뜬금없고 선택적 집중하고 종종 잘 놀고.' 딸은 틀림없이 혜주보다 아버지를 닮았을 것이다. 아마도 아빠는 '남자 혜주'의 순수에 반했을 것이다. 혜주는 상남자 스타일이다. 혜주는 보스의 포스로 걷는 여장부다.

_ 2023. 2. 9. 커반에서 정혜주 님

팽이의 온도 11°C (60초 소설)

경순의 순애보

티 없는 희열

산뜻한 낙화

... ...

기골이 장대하여 어딜 보아도 궁상이 없는 영대의 눈가가 촉촉한 것은 경순을 떠올릴 때뿐이다. 한결같이 티 없는 사람. 영대 씨는 출근길에 침대에 놓여있던 양말, 러닝셔츠, 팬티를 생각한다. 20여 년을 한결같이 빼놓지 않는 경순의 아침 일과다.

때로는 무심코, 때로는 고마운 마음에, 때로는 농으로 '고마우이.'라며 농담 반 진담 반 인사치레했지만 오늘은

햇살은 그대 얼굴을 따스하게 비추고

울컥 뜨거운 것이 양말에 떨어진다. 커피를 든 경순의 손 주름을 보았기 때문이다. "운전 조심하고요. 잘 다녀오세요."라는 말이 떠올라 영대 씨는 찔끔 눈물을 흘리고 말았다. "오늘도 안전하게 잘 다녀오세요."라던 경순의 당부 때문에 운전 도중 휴대전화로 가려던 손을 참고 다시 핸들을 잡았다.

그 시각 경순은 영대가 사라진 골목을 바라보며 생각한다. '영대 씨가 없으면 어떻게 살지?' 이런 방정맞은 생각이 엄습할 때마다 경순 씨는 고개를 저으며 이렇게 말한다. '아 참, 그럴 일은 없지. 영대 씨가 나보다 더 오래 건강하게 살 거니까.' 경순이 안도의 숨을 내쉬며 빙그레 웃을 때마다 영대는 온몸에 기운이 불끈 솟는다. 오늘도 경순의 순애보는 절찬 상영 중이다.

_ 2023. 2. 9. 김영대 님

2장

파종기, 돌아보고 만나기
(3~4월)

팽이의 온도 12°C

추억은 낙엽져도
나무는 봄을 맞이하겠구나

    잔설이 녹지 않은 저녁 어스름이다. 오가던 사람들의 발길이 뚝 끊긴 공원은 적막하다. 가늘게 눈을 떠보니 어스름 잔설 위로 가랑잎이 떨어진다. 그 장단에 맞추어 추억이, 연이어 죽은 사람들이 떠오른다. 추억은 온데간데없고 목울대만 타다 만 재처럼 남았다. 삭정이 같은 목울대와 뻔한 산책 그동안 얼마나 안정했는지, 자식은 취업에 성공했는지, 얼마나 벌었는지…. 보험은…. 마을을 질러가던 살얼음 얼었던 시냇물 속 송사리 떼, 어머니의 밥상과 아버지의 호기, 친구들의 누런 콧물과 꼬깃한 잠바들, 땟꼬장물 가득한 소매 사이로 숨어있던 반쯤 타버린 고구마….

햇살은 그대 얼굴을 따스하게 비추고

아직 우리 숨이 죽지 않았을 때. 말해 뭐하나? 고구마 따위는 차고 넘치고 모두 번쩍이는 옷을 입고 좋은 주인을 만나 그럴듯한 자리를 차지하고 시내 한가운데로 먼지 하나 없는 세단을 타고 미끄러져 들어가는데. 추억 따위를 물어 뭐하겠는가? 눈을 가늘게 뜨니 나무그림자가 움직인다. 귀를 감쌌던 두 손을 내려 잔설 위에 뒹구는 가랑잎을 만져본다. 동면하는 개구리의 숨소리, 때까치의 날갯짓에 몇 남지 않았던 가랑잎이 마저 떨어진다. 고요한 능선. 물방개, 풍뎅이, 여치, 잠자리, 맹꽁이…. 맹꽁이도 동면하나? 참 오랜만에 만나본 소리였는데. 이내 잔설 위로 칼바람이 지나가며 능선을 제압한다. 눈을 가늘게 뜨니 뱀, 풍뎅이, 개구리, 두꺼비 등 등가죽이 얇은 것들의 숨소리가 들린다. 눈을 감으면 지난 여름 소란스럽던 능선과 그 너머 켜켜이 쌓인 추억들이 떠오른다. 봄을 기약할 수 없었던 죽어간 사람들, 추억들.

'사람은 낙엽져도 나무는 겨울을 나겠구나!'
나는 눈을 감은 채 해거름 능선의 숲으로 고라니 발자국을 따라간다. 고요한 숲의 숨소리가 들린다. 잠이 깨지 않을 만큼 펄럭이는 새들의 날갯짓. 가끔 고라니의 '우웩'하는 울음소리가 잔설을 흩트린다. 빼곡히 살아있어도 서

햇살은 그대 얼굴을 따스하게 비추고

둘지 않는 겨울 산. 인간의 손길이 닿지 않는 곳은 이토록 고요하다.

'잠이 쏟아져도 잠들지 말 것. 눈을 부릅뜨지도 말 것' 저 고개 너머의 기억들은 불면의 마음이고 성곽이니 전투 태세를 취하지 말 것. 함부로 돌진하지 말고 때를 기다릴 것. 이 겨울에는 어느 집도 문을 열어주지 않을 것이다. 기억의 문도 꽁꽁 닫아 놓았을 것이다. 사랑도 낭만도 꽁꽁 얼어붙을 것이다. 아 참, 들고양이들은 어디서 잠들까? 분리수거함 앞에 세워둔 자동차 연통 아래서 눈을 밝히고 웅크려 있던 들고양이. 혼까지 흔들었던 닭가슴살 통조림을 향해 걸어가던 어미 고양이는 웃자란 딸의 목덜미를 물어버렸다. '띠야앙' 새끼의 비명 속에 어미의 마음이 모두 들어있었다. 혼을 흔든 맛은 상대방의 종류를 가리지 않을 정도였다. 설령 상대방이 딸이나 지아비라도 상관없을 것이다. 양보할 수 없는 맛! 인간은 그 맛을 어떻게 알아냈을까?

"인간은 영물이야." 들고양이가 움츠린 채 뇌까린다. 들고양이는 동물을 이간시키는 인간의 능력이 문득 궁금해지며 부르르 몸을 떤다. 고양이는 닭가슴살을 건네준 인간을 기억하지 못한다. 분리수거장을 지나 등산로로 올라가는 계단 모퉁이. 그곳에 먹이를 남겨두는 인간. 그 인간은 고양이보다 외로움을 더 탈 것이다. 그 인간은 고양이를 부르기 위해 방언 같은 소리를 냈다. 인간은 납득할 수 있는 그 이상의 생물일 것이다. 오늘은 모두 두문불출이다. 인간들도 모두 숨죽이고 있다.

허기진 고양이는 잠을 깬 잔설 가지 사이를 지나 능선 덤불 속으로 걸어간다. 쥐가 나올 리 없건만 혹여라도 나온다면 '살려두고 아껴 먹겠다'라고 결심한다. "과연 그럴 수 있을까?" "나는 한다면 한다고!" 가늘게 눈뜬 나는 들고양이의 그 말을 믿어보려고 애쓴다.

뚝 떨어진 기온 사이에 잔설의 서슬이 퍼렇다. 눈을 가늘게 뜨면 많은 것이 보인다. 죽은 사람들의 영혼이 동면하는 것들의 숨소리를 따라 떠돈다. 나는 숲 한가운데 멈춰서서 천천히 숨을 들이마신다. 가슴 속으로 들어오는 것은 호흡뿐만이 아니다. 지나간 추억들, 그리움도 함께 매달려 들어온다. 눈을 가늘게 뜨고 잔설이 내린 능선을 바라보며 나는 생각한다. '추억은 낙엽져도 나무는 봄을 맞이하겠구나!'

햇살은 그대 얼굴을 따스하게 비추고

팽이의 온도 13°C

시간 여행자, 모모

『5년 후 내가 나에게』를 집필하고 해를 넘겼다. '4년 후'로 바뀌는 순간이다. 문장으로 도달할 자유의 지점은 어디일까? 하물며 삶의 질곡과 서사를 움직이는 시작점, 혼령이 잠든 그 지점을 집적거리며 서성이다가 파고 또 파내는 일…. 부대낌에서 나오는 열기와 가끔 튀는 불꽃에 삶과 죽음의 경계를 잃어버리는 지경은 어디 있을까?

허기를 잊어버린 공복. 공복으로 쏠리는 굶주림의 움직임을 느끼며 갈증을 견뎌본다. 허기를 오래 견딜 수 있어야 오래 생존할 수 있다. 최소한 12시간, 16시간이면 더욱 좋다. 그렇다고 건강비법이나 장수비결을 거론하며 삼천포로 빠지는 수다 같은 문장은 사절이고. 눈으로 생명의

햇살은 그대 얼굴을 따스하게 비추고

움직임을 감지하며 죽음을 맛본 영혼의 그 처절함을 고스란히 담아낼 수만 있다면….

"빨리 안식이 왔으면 좋겠어요. 지금 내가 바라는 건 그것뿐이죠. 방법을 알 수 없어 시간을 타고 가지만 그럴 수 있으면 좋겠어요."
"그건 욕심이에요. 방법은 단 하나. 안식은 당신과 떨어져 있지 않다는 거죠. 서둘러 찾을 수도, 여유를 부려 누릴 수도 없어요. 안식은 매우 좋은 것이지만 당신이 손댈 수 없는 곳에 놓여있거든요."

지금 능선은 의연하다. 비록 겨드랑이 한쪽이 잘려나가 돌산이라는 사실이 드러났지만 겨드랑이에 자리잡은 아파트에서 바라본 돌산은 살아있다. 장마나 산사태로 넘어질 산이 아니라는 것은 의심의 여지가 없다. 언덕 아래에 지하철역이 생긴다는 소식이다. 당에 적을 둔 자들이 앞다퉈 자신의 공로로 치부하기 위해 '역사적인 예산책정', '사통팔달의 중심지, 내가 건의했다' 등의 플래카드를 내걸었기 때문이다.

햇살은 그대 얼굴을 따스하게 비추고

"만찬을 차려 놓았으니 굶주린 것들이 모여들겠지." 복이 덩굴째 들어와 한 나라의 왕후가 될지도 모른다는 꿈에 부풀어 있던 AI가 걸어온다. 바비인형처럼 차려입은 AI는 말했다. '세상이 낭만이 없어요. 모두 무료하고 삭막해요. 돈들이 없으셔서. 그래, 돈들이….'

능선은 늑골이 나가도 숨을 쉰다. 가늘게 몰아쉬는 숨은 동면하는 것들의 숨소리다. 능선에는 리듬과 박자가 있다. 잔설 위로 눈발이 하나둘 쏟아진다. '기롤라모 왕자 기기는 상상이 춤추며 인도하는 길을 아무 걱정 없이 갔다. 적어도 무너진 성곽 주변에서 사는 모모를 만날 때만 해도.'

'모모는 매우 특이한 방식으로 사람들의 말에 귀 기울였고 그렇게 모든 비밀을 빼낼 수 있게 됩니다. 기다린다는 것은 태양이 한 바퀴 도는 동안 땅속에서 내내 잠자다가 드디어 싹을 틔우는 씨앗과 같은 거란다.' 〈모모〉
나는 눈을 가늘게 뜨고 오래도록 눈 내리는 능선을 바라보고 서 있다.
"인생에서 가장 위험한 건 꿈이 이루어지는 거야."
이렇게 말하고 모모는 기기와 청소부 배포를 만나기 위해 능선 위 참나무 숲길로 사라졌다.

햇살은 그대 얼굴을 따스하게 비추고

팽이의 온도 14°C

사람을 보내며

그 지점에는 말없이 움직이는 사람들이 산다. 거침없는 행동은 시간의 물살을 타고 흘러간다. 흐르는 세월 속에 함께 흘러가는 삶. 재야의 고수, 부황으로 30년. 암 환자를 살려내고 2만 원 25년. 억만금을 가져와도 줄을 서야 하고 6시면 문 닫고…. 어떤 야로든 편법이든 안 먹히고 살고 싶으면 병원장도 새벽잠을 설치고 줄을 서야 하고. 소위 맛집, 내 식구가 먹을 것이니 한치의 눈속임도 없어야 한다. 몸에 밴 새벽 4시부터 7시까지의 손질과 숙성의 기다림…. 또 영락없이 줄을 서야 하고.

교육 현장. 그 변화무쌍한 소심함과 유치함과 권모와 술수와 밥벌이와 직결되는 성적과 끔찍한 동료들의 폭발

햇살은 그대 얼굴을 따스하게 비추고

하는 트라우마에서 터져 나오는, 이유를 알 수 없는 독설과 훈계와 권력의 횡포와 과다한 코맹맹이 소리로 가득한 교정에서…. 호칭은 '어이, 아저씨! 저기요, 기사님, 주무관님 아니, 선생님이지!'라며 허공에 흩어지고 때로는 바람결에 나부끼다가 세모의 눈발처럼 사라졌다.

"갈게요."라며 37년의 마지막 교정문을 나선다. '저어, 송공패는 누가 만들어요? 작년에 썼던 문구는 어디 갔지? 이거 누가 해야 하지? 그거 상패업체 들어가 보면 표본 있는데….' 마음이 없는 곳에는 형식도 없고 형식이 없는 곳에는 내용도 없는 법이다. 단 한 사람이라도 마음을 나눌 수 있는 사람이 있다면, 그가 바로 자신이라는 사실을 알아차린다면 그의 절반만큼이라도 살아낼 수 있을까?

말없이 흐르며 몸으로 시를 써내시던 분을 떠나보냈다. 뒤돌아보지도 않고 훌쩍 떠나는 뒷모습을 한참 바라보고 서 있었다. 어떻게 저만큼 살아낼 수 있을까? 존경하는 그에게 나는 이렇게 썼다.
'사랑하는 맹민호 님! 당신으로 인하여 행복했을 교직원과 학부모와 아이들이 떠오릅니다. 30여 년 세월 동안 당신의 손길이 닿았던 화단, 소나무, 향나무, 수국 그리고

햇살은 그대 얼굴을 따스하게 비추고

수련이 핀 작은 연못과 수천의 올챙이들…. 그 올챙이 같던 아이들은 세상 속에서 당신의 따듯한 손길 덕분에 무장 무장 살아갈 것입니다. 당신이 살아냈던 세월을 저는 가늠할 수 없습니다. 당신이 속으로 다스려내신 마음은 상상을 초월할 것입니다. 하지만 아무려면 어떻답니까? 당신이 이렇게 건강한 몸으로 세상 한가운데로 걸어 나갈 수 있는데. 당신의 빛과 향기, 마음을 간직하겠습니다. 부디 더 건강하고 행복하세요. 당신의 2막 앞에서….'

흐르는 사람은 윤이 나지 않는다.
흐르는 사람은 그의 몸속에서 빛이 발한다.
흐르는 사람은 말이 없고 뒤돌아보지 않으며 서둘거나 허둥대지 않는다.
그가 없는 교정을 돌아보니 울컥 뜨거운 것이 넘어온다.
올해는 당신의 빈 자리에 그리움을 담고 자중하며 보내야겠다.
당신을 그리며 무뎌진 문장을 깎으며 보내야겠다.
영혼이 숨쉬는 중심 한가운데로 곧바로 돌진하는 문장….

햇살은 그대 얼굴을 따스하게 비추고

그의 고고한 모습은 냄새로도 느낄 수 있을 것이다. 그가 어느 지점에서 눈시울을 붉힌다면 그건 밤새 울었다는 증거다. 부엉이가 흠칫 놀란 산기슭에서…. 언뜻 그 말이 생각난다.

'나는 잠들지 않아! 맨날 둥둥 떠다니며 떠내려 가고 있거든.'

팽이의 온도 15°C

에미, 오십이다

Amy 5.0.

'아줌마' 소리가 불편한 사진작가 이향실의 새집 현판이다.

Amy 5.0!

네 에미가 오십이다. 대한민국 새끼들한테 전하고 싶은 말일 것이다.

대한민국 에미 '오십'

새끼를 보면 온몸이 쑤시고 뼛속 깊이 살갑다. 살점 한 구석을 뭉텅 덜어내도 아픈 줄 모르고 키워낸 자식이 스무고개를 넘을 즈음에서야 문득 자신을 돌아본 에미의 마음은 아프고 애달프고 눈물이 난다. 갱년기 50에 흘리는

햇살은 그대 얼굴을 따스하게 비추고

소금 땀이다. 에미는 그 땀이 솟아나기 10년 전 40에 사진에 입문했다. 붉은 머플러를 바람에 날려 보내고 땅에 떨어지기 전 머플러가 몸에서 벗어나기 직전의 찰나에 머물고 싶었다.

  10년 동안 뒤지던 땅을 택하여 4층짜리 집을 지었다. 인부들 밥 지어 먹이며 마음에 그려두었던 집을 고스란히 지었다. 1층은 산과 인접한 화단과 공구 창고, 2층은 벽난로를 설치하여 학창시절 양은도시락을 데워먹던 추억을 되살릴 수 있게 했다. 이 집을 방문하는 사람은 누구나 추억이 되살아날 것이다. 장아찌, 진주햄 쏘시지(달걀을 살짝 데쳐 입힌 것), 계란 후라이, 멸치, 그리고 염소똥 검은콩…. 3층은 오롯이 부부만의 침실. 4층에는 천방지축 아들의 옥탑방을 꾸며주었다. 4층 테라스에서 여름내 삼겹살을 구워 먹었다. 여름 장마철에는 1층에 대자 고무다라에 오징어, 부추를 듬뿍 넣어 감자 부침개를 부쳐 지나가는 동네사람을 불러 막걸리를 마셨다. 그녀는 사진작가, 요리연구가, 여행작가, 조경사, 아이가 학교에 다닐 때는 학부모회장을 도맡았다. 모르긴 해도 틀림없이 반상회에도 참석했을 것이다.

햇살은 그대 얼굴을 따스하게 비추고

어미는 어느덧 텅 빈 스튜디오에 앉아 이렇게 중얼거렸다. '나는 붉은색이 좋아. 열정적이잖아?' 깨어보니 50이었다. 그래, 네 에미는 50이다. Amy 5.0. 나의 어머니는 49에 세상을 떠났다. 『5년 후 내가 나에게』에 저자 서명을 해주며 이렇게 썼다. '지금 마음이 어때요? 어떻게 이만큼 잘 견디신 거예요? 내가 당신을 계속 응원해도 될까요? 5년 후인 2028년 당신은 더 늙고 더 주름지고 걸음은 더 느려지겠지만 눈빛은 투명하고 마음은 더 따뜻하고 설렘은 멈추지 않을 것입니다.'

Amy 5.0.
어떤 에미는 그 전에 잠들고 어떤 에미는 그 나이를 훌쩍 넘고 어떤 에미는 이렇게 현판을 걸며 조용히 웃는다. 이래 봬도 네 에미는 붉은 50살이다. 향실 작가가 쓰는 원고가 기다려진다. '어쩌다 집짓기'. 2024년 갑진년에는 붉은 수수밭 대신 붉은 머플러의 에미가 불타는 저녁노을을 향해 렌즈를 겨누고 있을 것이다.

햇살은 그대 얼굴을 따스하게 비추고

팽이의 온도 16°C

화양연화

　글쓰기 응원군은 '브렌다 유랜드, 마루야마 겐지' 이렇게 둘이 남았다. 브렌다 유랜드는 이렇게 말해주었다. '진정하고 솔직하고 이론적이지 않은 자아를 찾아낼 것. 커피를 마시지 않으면 작동하지 않는 내장기관이나 두개골 속에 든 신경 다발쯤으로 자신을 여기지 말 것. 만족하지 않는 글이 있다면 내가 먼 시야를 갖고 있다고 여길 것. 마음속으로 '너는 화가나 작가 같은 예술가는 아니야.'라고 말한다면 모든 수단을 다해 그림을 그리거나 써나갈 것. 자신을 억압하지 말 것. 시간이 생겨난 이후 창조된 그 어떤 존재와도 다름을 받아들일 것. 글쓰기는 내가 하고 싶은 것, 만들고 싶은 것을 포함한다. 그러므로 고민하기도 전에 펜이 제멋대로 움직인다면…. 뭘 쓰고 있는지

햇살은 그대 얼굴을 따스하게 비추고

모르는데 펜이 멈추지 않는다면 주저하지 말고 이 세계(쓰는 세계)에 뛰어들어라.'

마루야마 겐지는 이렇게 조언했다. '1년에 한두 번 떠오르는 영혼을 흔드는 진정한 감정, 날카롭고 굵직한 감정은 사용할수록 더 굵어진다.' 30년 전에 죽은 작가와 굶주린 늑대 같은 현역 칠순의 작가가 30년간 느낀, 쓰는 자에 대한 조언이다.

일과 후 모든 일정을 접고 2시간 이상 글 밥을 선사하기로 했다. 첫날은 방에 들어서자마자 능선 쪽으로 의자를 돌려앉아 봄을 가만히 들여다보았다. 화양연화다. 슬픈 3월은 지나갔다. 좋은 사람이 죽고 이념에 신물이 나고 인간의 욕망에 넌더리 나 신문에서 등을 돌렸다.

이제는 4월이다. 모름지기 4월. 이제부터는 화양연화다. 5일째. 일상의 관성을 따돌리고 온전히 2시간을 선사한 건 30여 년 만이다. 아니, 알아서 바둥거린 적은 있을 것이다. 10년이 넘는 자취생활 동안 남아 도는 시간을 주체하지 못하고 이리저리 굴린 적도 적지 않다. 그때 삼중당 문고나 담배, 이외수, 은희경, 스티븐 킹, 밀란 쿤데라,

햇살은 그대 얼굴을 따스하게 비추고

시드니 셸던 등을 뒤적이며 이들은 어떻게 사는지 궁금해하며 술잔을 기울이기도 했다. 문장의 유혹은 일종의 감염 증세와 같다.

'안목 있는 진짜 독자의 눈에는 네가 수평선 저 너머로 사라져도 보일 거야. 주의 깊게 대담하게 고독한 항해를 즐겨봐. 쓸 만한 걸 가졌는지 자문하면 안 돼. 그런 쓸데없는 고민은 하지 마. 너라면 펜을 쥐고 쓰는 것이 바로 쓸 만한 주제야!' 주저앉을라치면 귀속에 소곤대는 저 목소리.

이틀은 능선에서 울려 퍼지는 새소리, 개구리 울음소리에 넋을 빼앗겼다. 몇 번인가 "어쩜 그렇게 전화를 안 받아? 도대체 뭐하는 화상이야?"라는 소리를 들었을 때 '온전히 글을 좀 쓰려고.'라는 해서는 안 될 말을 했다.

'화양연화' 현음(화양연화 OST 첼로의 현음)이 저녁내 능선을 오르내리며 두꺼비, 개구리, 까마귀, 때까치들을 희롱했다. 만우절, 나르시시즘, 거세당한 고양이와 폐경, 무학의 어머니가 불러주던 '사랑하는 둘째에게~'로 시작하는 편지 등 쓰다만 문장들이 모두 능선을 선회하며 산

햇살은 그대 얼굴을 따스하게 비추고

중턱 언저리에 주저앉아 있다. 능선을 보면 안 되는 건가? 저놈의 능선 때문에 그런가? 글은 능선에서 자꾸 미끄러진다. 좀 더 힘을 내 올라보면 걷잡을 수 없는 피로가 몰려온다. '애인에게 잠자리를 구걸하는 숫총각의 비애'랄까? 될 듯 말 듯, 입술을 허락할 듯 말 듯하다가 팽 돌아서 후회하는 얄궂은 애인의 발걸음 소리가 딱따구리 소리에 묻힌다.

저기 폐경의 노부부가 능선을 오른다. 느려터진 할아버지는 뒤뚱거리며 따라간다. 멀리서 들어봐도 지청구 소리가 선명하게 들린다. "어이구, 이 화상아! 뭘 그렇게 꾸물대?" 이제 나는 음악도 그림도 글쓰기도 어떤 예술 행위도 대하지 않기로 했다. 대하여 마주하지 않고 그 안에 들어서기로 했다. 저 능선의 겨드랑이 깊숙이.

햇살은 그대 얼굴을 따스하게 비추고

팽이의 온도 17°C

자유의 땅

누구나 이 땅에서 자유했으면 좋겠어요. 견고한 지반 위에는 따스한 바람이 불고 비가 내려 촉촉해진 단단한 땅은 홀씨가 날아들어도 뿌리를 내릴 만큼 느슨하죠. 뿌리가 깊숙이 자리잡아 새순이 날 때까지 기다려 줄 수도 있어요. 누구나 '이 땅은 내 땅이다'라고 말해도 '아무렴' 이라고 한마디 하고 발을 감싸주며 물어주면 좋겠어요. 먼길 오셨네요. 지난번 그 길은 어땠나요? 비가 오는 날 지나가셨는데 신발이 벗겨졌죠. 진창이었는데 다녀가셨어요. 내가 꽁꽁 얼었던 날도 당신은 여지없이 다녀가셨어요. '여기는 딱 내 땅'이라며 좋아하시고. 땅을 다녀간 사람들은 모두 내가 자기 땅이래요. 하지만 나는 상관없어요. 나는 누구의 것도 아니고 '아무나'의 것이기도 하니

햇살은 그대 얼굴을 따스하게 비추고

까요. 이 땅에서는 모두 주인 하세요. 하지만 내가 주인으로 여기는 사람은… 아시죠? 나만 안다는 거….

연둣빛 바람이 진군해 오네요. 하지만 꽃만 못하죠. 저 앵두꽃은 또 어떻고요. 자유의 땅은 늘 조용하고 차분하죠. 옹달샘처럼. 모두 그 땅과 친하대요. 나름 방식으로 인정받고 위로받은 거죠. 자유의 땅에 들어서면 혼자만 기억하고 힘겹게 견뎌내던 일도 조용히 안부를 물어보죠. 그때는 신고 있던 구두가 깜짝 놀라죠. 뒷굽이 땅을 짓이기고 있었거든요. 나도 모르게 힘을 잔뜩 주고…. 땅이 못 미더웠거든요. 단박에는 모르지만 몇 번 당하면 알게 되죠. 땅이 견고한 이유를. 그동안 땅속으로 스며든 것들을 생각하면 어떻게 저토록 평평하게 버티는지 이해하게 되죠.

집에 돌아와 보면 신발에 가득 들어찬 모래나 질척한 황토, 잔돌이 양말에 끼어 있을 때도 있어요. 땅에서는 불안해 느끼지 못했던 통증이 한꺼번에 몰려오죠. 뿌리째 캐물으며 온 땅을 헤집고 가는 쟁기가 지천인 세상에서 자유의 땅은 봄비를 모두 삼켰어요. 촉촉하지만 출렁대지 않고 견고하지만 발을 튕겨 보내지 않죠. 속에 담아두고

햇살은 그대 얼굴을 따스하게 비추고

흘려보낸 게 얼만데요? 모르긴 해도 자유의 땅 속내에는 수만 갈래 길이 있을 거예요. 물 한 방울, 눈물 한 방울도 고이지 않게 만들어둔 길들이죠.

   4월을 버텨내는 건 봄기운, 꽃 기운 때문이기도 하지만 나는 저 견고한 땅 때문이에요. 매일 나에게 뜻 없는 영혼을 위해 위한 2시간을 선물하려고요. 더 노력해 늘려갈 거예요. 적어도 진창이 되진 않으려고요. 삶도 죽음도 근처에서 돌아다니잖아요. 오롯한 사유의 시간이 필요한 이유죠. 또 예고 없이 비가 오면 저 대지는 좋아 어쩐대요?

팽이의 온도 18°C

사랑하는 김범수 님

'안나의 집'에서 함께했던 김범수 센터장님이 떠났다. 2018년 9월 7일~2022년 3월 23일. 우리는 수원 다시서기 센터 이예진 님의 소개로 알게 되었다. 자연애 쭈꾸미 집, 동기 면담 소개, 인문학 강의 '행복의 온도, 인생의 품격', 강의실 대관, '동기 면담 기반 변화를 돕는 의사소통 활동'. 노숙인분들을 만날 때 가끔 불쑥불쑥 올라오는 자의식과 이기심도 김범수 님의 환한 미소와 배려 때문에 잦아들곤 했다.

떠난 지 1일 차. 철 따라 시간과 공간을 따라 추억이 돋아나겠지. 앞날에 계속되겠지. 나는 그 기웃거림이 평생 멈추지 않는다는 사실을 안다. 내 몸을 후벼 파고 지나갔

햇살은 그대 얼굴을 따스하게 비추고

던 그리움들이 사라지지 않고 옹이가 되는 걸 수없이 목격했다. 그래서 이제는 좋은 사람을 데려가도 비틀거리다가 쓰러지거나 몸을 혹사하거나 사회나 남들에게 화살을 돌려 이유를 따져 묻는 짓은 하지 않기로 했다. 그것이 사랑하는 사람의 마음을 더 아프게 할 것이기 때문이다. 하지만 꽃이 만개할 때까지만은 실컷 울고 배웅할 생각이다. 저 멀리 봄 수평선 아래쪽으로 살구꽃이 피고 있다. 개화를 시샘이라도 하듯 추위는 좀처럼 물러가지 않는다. 3월 하순은 언제나 그렇다. 시절이 수상하지만.

 인간의 '욕망'을 거론하며 선량한 사람을 욕되게 하고 싶진 않다. 당분간 '인간의 욕망'에는 등 돌리기로 했다. 영상도 뉴스도 국제정세도 돌아보지 않기로 했다. 하물며 진보며 보수 따위도…. 내가 아는 김범수 님은 적어도 세상을 기웃거리지 않고 살았다. 따듯하고 선량하며 성실한 사회복지사였다. 권력과 욕망에 휩싸여 세상을 기웃거리면 김범수 님 가는 길목에 필 꽃들이 수선스러워할 것이다. 이 땅은 왜 이토록 선량한 사람을 아프게 보내는가? 왜 많이 아프고 아파 쓰러질 즈음 봄은 오는가? 얼마나 더 아파야 봄볕이 오는가? 새로운 약속이나 희망은 소용없어졌다. 그가 떠난 이 땅에 새로울 게 무엇이 있겠는가?

한 노작가의 전언처럼 '인간이란 무엇인가, 인간으로 어떻게 살아가야 하는가. 또는 어떻게 죽어야 하는가'라는 보편적 주제에 꾸준히 도전하지 않고서는 혼을 흔들 수 없다는 사실에 승복한다. 날카롭지만 굵은 감정을 써 낼 연필을 온종일 벼리며 저 찬바람에 돋아나는 꽃잎을 본다.

'자연애(自然愛) 쭈꾸미'의 애는 사랑 '애(愛)'자다. 2018년 9월 8일 범수 님을 만났을 때 상호를 '자연에'라는 장소적 표현으로 생각해 몇 번을 다시 들여다보았다. '자연애'라는 상호 때문인지 '막걸리' 무한 리필 때문인지 쭈꾸미 때문인지 모르겠지만. 우리가 처음 만난 곳은 '자연애'였다. 그때 막걸리 한 모금에 얼굴 발그레했던 김범수 님이 그립다. 아무리 연습하고 쌓아도 무너지는 그리움의 구멍으로 싸늘한 3월의 꽃바람이 들락거린다. 그리움이 아무는 동안 견뎌내야 할 것들은 또 얼마나 될 건가? 오늘따라 유난히 날씨가 을씨년스럽다. 스산한 바람에도 자꾸 꽃잎이 돋는다. 새싹이 돋는다. 감정 안에 '기쁨, 슬픔, 분노'가 멍울진다. 나는 연필을 세워 쓴다. 2022년 봄은 슬프게 시작되었다. '하나님! 김범수 님 잘 부탁드립니다.'

햇살은 그대 얼굴을 따스하게 비추고

팽이의 온도 19°C

바라산 벚꽃엔딩

　가로수 벚나무는 마지막 꽃잎을 흩뿌리고 있었다. '어서 가. 애썼어.' 연둣빛, 갈색빛 새순들이 말한다. '이제 우리 차례야.' 아직 소담한 산중벚꽃과 싸리꽃, 찔레순, 고사리들을 품고 뱀들이 기지개를 켠다. 그러고 보니 영산홍, 송화, 까치집, 감꽃, 저수지, 상추, 쑥갓, 완두콩…. 40년 전에도 저들은 그랬다.

　바라산 산세가 익숙하다. 나는 산을 굽어보며 산의 눈을 마주하지 못했다. 할미꽃을 품었을 연둣빛 산 구름의 품속에 출렁이는 그리움이 쏟아질까 봐서다. 연두, 초록, 연분홍, 그리움은 동색이다. 그리움은 연둣빛 초록 물결을 타고 온산을 삼켜버릴 것이다. 파도의 물거품 같은 꽃

햇살은 그대 얼굴을 따스하게 비추고

가루가 날리고 물거품이 눈과 가슴을 덮치면 눈물범벅이 될 것이다. 쑥버무리를 먹고 싶다. 그녀가 가시 같은 손으로 캐낸 야들한 쑥 순을 버무린 그것. 나는 그녀의 나이를 지나쳤는데 그녀는 왜 여전히 어머니인가?

'4월은 잔인한 달'이라고 되뇌어 본다. 호수, 오리배, 식당의 옹기종기 대가리들, 시시덕거리는 아베크족, 의복과 사람은 달라졌지만 그 가슴 깊은 곳의 꽃맞이와 설렘은 여전할 터다. 문득 황진이의 가사가 떠오른다.

'이제 떠나면 언제 오려나? 사랑아! 내 사랑아! 능수버들 늘어지고 소나기 내리면 그리워 어떻게 살까? 그래도 가야지. 너를 두고 가야지. 황진이 너를 두고. 이제 떠나면 언제 오려나….'

바라산 능선 아래를 굽어보니 그리움이 넘실댄다. 꽃잎이 눈처럼 처처에 떠다니고 새순과 들꽃 행렬이 이어질 것이다. 숲의 변화에 한껏 분주해진 벌레와 새들이 5월의 음악회에 한껏 들떠있다. 제왕의 마음을 헤아리는 자는 자연뿐이다. 사람들은 산허리와 능선을 파헤쳐 쇼핑몰과 아파트를 짓고 있다. 자연의 품이 그토록 간절하면 '바라

햇살은 그대 얼굴을 따스하게 비추고

보면' 될 것을…. 바라산이 피식 웃는다.

  4월의 바라산, 나타샤, 그리고 황진이와 벚꽃엔딩. 출렁이는 능선의 그리움을 차마 마주하지 못하고 해 질 녘 쏜살같이 귀가했다. 밤새 그리움이 범람했다. 살아가는 내내 멈추지 않을 그리움의 홍수에 시달리다가 객사하는 호사는 5년 후 아니, 10년 후 언제 당도할지 모른다. 이 사진 한 장을 인화해 가슴 한쪽에 걸어둔다. 나는 쓴다. "능선의 무단 경작자들을 포박하고 경계 목을 불태워라. 교지가 도착했다. 유리도서관에 사람 책을 정비하라!" 제왕의 서슬은 이전 어느 환란 시절보다 엄중했다.

팽이의 온도 20°C

희망 충전 상담 여행

저자들의 경력을 합해보니 150년이 넘는다. 공교롭게도 제자들은 12명이다. 교육계에 늦게 입문하셔서 매년 박사 1명씩 배출하신 셈이다. 정신병원에서 임상을 경험하시고 MI 창시자 PhD. Miller의 한국인 첫 번째 애제자이자 동료이자 도반이다. 지시, 지적, 설명, 주장, 조언, 충고, 평가, 판단이 넘실대는 이 땅에 MI(동기 면담)의 씨앗을 뿌리셨다. 당신은 제자들을 포함해 누구에게든 원치 않는 일을 시키지 않으신다.

- 민폐를 극히 불편해하신다.
- 상대방을 깊이 헤아리신다.
- 하지만 논문지도나 논리적인 문장을 다듬을 때 정확성을 요구하는 통계, 마감 시간 등에서는 무서울 만큼 철

햇살은 그대 얼굴을 따스하게 비추고

저하시다.
- 지식의 나눔에서는 더할 나위 없이 관대하고 너그러우시다.
- 중독 분야에서 조성희 교수를 모르면 간첩이다.

  돈을 벌려면 장사를 하시고 사람을 고치려면 의사를 하시고 농부가 되려면 농촌으로 가세요. 공부는 마르지 않는 샘을 만드는 과정입니다. 퍼주어도 마르지 않는 샘물. 샘물이 되세요. 땅끝까지 나누세요. 쌓아놓는 일은 진력이 나지만 나누는 데는 한계가 없습니다. 2년 전 말씀을 선포하셨다. "나는 퇴임식에서 '고별사' 같은 건 안 한다. 제자들과 의미 있는 일을 하며 마무리하고자 한다." 그래서 나온 책이 2년이라는 세월 동안 만들어졌다. 제자들은 열정과 기대, 좌절과 함께 두려움을 경험했다. 두려움은 자신의 이야기를 써서 세상에 내놓는 사람들이 느끼는 공통적인 감정이다. 특정 이론과 전문가의 그늘 뒤에서 글을 쓰다 보면 늘 엄습하는 일이다.

  '몇은 포기하고 가죠? 마감 시간, 오류 정정, 연락 두절, 변명, 핑계, 궁상, 자의식….' 이 자의식이 올라오면 벼랑 끝에 왔다는 생각이 들곤 했다. '저는 버리고 가세요. 제가

이 나이에 무슨, 이다음에 바쁜 일 끝나면….' '단 한 사람도 놓치지 말고 '12명 모두 함께' 완주하자.' 제자들이 흔들릴 때마다 당신은 단호하고 확고했다. 이 결단이 결실을 보고 2022년 10월 24일 실행되었다.

매 순간이 축제가 될 수 있길 기대하며 열린 첫 북 토크. 북 토크 도중 몇 번이나 울컥했는지 모른다. 제자들은 자신이 택한 주제의 안에서 시련을 딛고 일어서는 사람들의 희망을 볼 수 있었다.

- 당신이 없었으면 여기까지 올 수 없었다.
- 나의 성장을 가장 기뻐하시던 그리운 어머니!
- 변화의 기미를 보이던 피면접자의 사망 소식
- 논문을 쓰는 도중에 맛본 죽을 것 같은 한계의 고비

그런데도 희망을 놓을 수 없었던 '변화 유발자'로서의 긍지! 희망 충전 상담 여행, 보복 운전자의 이야기, 상처를 넘어설 용기, 즐거운 변화대화법……. 길 위에는 또다시 길이 있다. '질문과 경청'이 필요한 시간, 시인은 읊조렸다. 달력을 넘기다가 손이 찢어졌다. 어머니가 웃으시며 붕대로 감싸주신다. "애야, 시간은 날카롭단다."

햇살은 그대 얼굴을 따스하게 비추고

팽이의 온도 21°C

경칩 아우성

내 둥지 앞 능선은 지금 개구리, 두꺼비, 맹꽁이들의 합창으로 난리다. 나는 지금 그 합창 소리를 듣기 위해 정자에 앉아있다. 봄바람이 아우성을 싣고 구절초, 들국화 능선을 오르내린다. 생명은 저토록 파종 앞에 눈물겹다. 홍매화 만개 소식이다. 물밀듯 몰려오는 봄….

저 소리는 '겨울을 겨우 지나왔다는 안도의 한숨이거나 살아나갈 날들에 대한 근심, 생존을 이어나가기 위한 처절한 몸부림' 중 어느 쪽일까? 아니다. 그건 어리석은 사람의 짐작일 뿐 사실 그저 삶의 온기가 느껴져 난장판으로 생기를 만끽하는 거겠지.

햇살은 그대 얼굴을 따스하게 비추고

살쾡이 한 마리가 어슬렁어슬렁 소리나는 쪽으로 입맛을 다시며 간다. 혀를 날름거리며 우두커니 웅덩이 근처에 앉아있다. 저 위험한 풍경. 경칩을 지나 싹 트임과 개화를 앞둔 봄날, 능선의 생명은 각자에게 주어진 생명의 악보를 연주하며 아우성친다.

'아, 우리 사람들이 사는 세상 근처에는 사람을 아랑곳하지 않고 살아가는 생명이 성스럽게 살아가고 있구나. 저 소리의 아우성을 귀 기울이며 조용히 써나가고 싶다. 삶이 지독할 때 숨쉬듯 저쪽 능선을 바라보며 산책하면 되겠구나.'라고 중얼거리며 눈을 감는다.

정점으로 향하는 단말마가 합창을 이끈다. 뱀이 지나가는 소리, '꾸액' 삼켜지는 소리, 웅덩이 물이 파드닥 튀는 소리, 잠시 멈춘 듯한 합창은 클라이맥스로 치닫고 있다. 합창은 한층 더 단장하고 2부로 접어들며 아우성을 난장판으로 이어가고 있다.

팽이의 온도 22°C

햇살 마중
(파종기)

100년 된 느티나무 아래 들판으로 햇살이 퍼진다. 82년의 인생이라는 게 이런 건가? 기억이 조금씩 지워지고 온몸의 기운이 빠져나가니 서운함이 밀려온다. 빌어먹을…. 이런 게 아닌데. 자식들에게 이런 마음이. 햇살이 좋구먼. 30년이 지나도 햇살은 변함없이 나를 마중하고 있구나. 개를 잡아 먹여도 좀처럼 살찌지 않는 깡마른 사위는 내게 침 뜸을 놔주고 곤히 잠들어 있다. 내 걸 헐어야 상대방이 살아나요. 약조 없이 만난 인연과 타고난 천성은 운명일 것이다.

생모보다 더 오래 키운 자식 같은 사람인데…. 30년 전 막내딸과 함께 첫인사를 왔을 때 모질게 대했던 게 마음

햇살은 그대 얼굴을 따스하게 비추고

에 걸린다. 그냥 받아줄 걸. 딸을 생각해 그 살가운 애가 고생할까 봐 언성을 높였다. 기억 속으로 많은 것들이 주마등처럼 몰려왔다가 지나간다. 장마철 하굿둑 소용돌이로 빨려 들어가듯 세월이 훌쩍 지나갔다.

어쩔 수 없는 순서겠지. 집을 뛰쳐나갈 마음도 기력도 잃었고 이제 살아있는 동안 좋은 기억들만 소진하다가 아프지 않고 떠나면 좋겠다. 저 햇살이 마중하듯 그렇게 따습고 조용하게.

_ 2023. 2. 24. 간순희 여사의 봄, 햇살 마중

햇살을 마중하며 '60초 소설' 서경의 정원을 쓰다 보니 문득 어머니의 우울함이 천천히 올라온다. 모두 견디고 있지만 힘내시길. 부디 천천히 날개를 세우고 눈을 고쳐 뜨고 유영하시길. 봄 햇살이 저만큼 따뜻한 걸음걸이로 다가오고 있으니.

(60초 소설)
서경의 정원: 내가 누군지 나도 모르겠어요. 죽어라 살았지만 앞날은 온통 안개 숲이에요. 환하게 보이는 앞날이

햇살은 그대 얼굴을 따스하게 비추고

라는 게 삶에 있긴 한가요? 나는 여기서 멈출 수 없어요. 내 생에 못다 한 말이 있어요. 어쩌면 내 말을 들어줄 사람이 없을지도 모른다고 생각했어요. 하지만 나, 서경은 포기하지 않을 거예요. 눈물이 마르지 않는 한 포기하지 않을 거예요. 게다가 나는 지금 살아있어요. 보세요. 내가 꼿꼿이 서 있는 걸. 나는 노을을 좋아하고요. 바람도 장미도 수국도 좋아해요. 물론 목련도요. 나는 길잃은 수리부엉이인지도 몰라요. 나를 바라보는 당신은 누구세요? 내 눈을 보시나요? 하고 싶은 말을 출렁출렁 담아둔 내 눈을 보세요. 그래요. 이 눈 때문에 나는 여기까지 왔어요. 그리고 여기 있는 거예요. 잠시만 비켜주실래요? 나 봄 들판 햇살 마중 나가야 하거든요.

_ 2023. 2. 햇살 마중 하던 중

팽이의 온도 23°C

사랑했던 주순 씨

다시 소쩍새가 울고 나는 당신보다 이미 6살이나 더 나이 들었어요. 지금 만났다면 내가 도움이 될 수 있었을까요? 어떤 걱정이 있어요? 아팠네요. 애썼네요. 옳고 그른 건 없어요. 그건 당신 생각일 뿐인지도 몰라요. 하고 싶은 게 있어요? 그럼 그걸 하세요. 감꽃이 예쁘잖아요. 여기 감꼭지 목걸이 걸어보세요. 그날 전해주지 못한 게 있어요. 종이 카네이션이랑 브로치. 설악산 갈 때 하늘색 한복 옷고름에 꼭 달고 갔을 텐데···.

궁금해요? 조금만 기다려 봐요. 내가 만나러 갈 거니까. 49일 지나고 임지는 정해졌어요? 아직 떠나지 못하고 있다면 조금만 더 견뎌봐요. 자수정이랑 깃이 도착할 테니

햇살은 그대 얼굴을 따스하게 비추고

너무 조급해하지 말아요. 통곡의 계곡을 건너기엔 턱없이 부족할 거예요. 내가 박물관에서 호출할 거니까.

　많은 일이 있었어요. 당신이 알 수도 모를 수도 있는 일들이죠. 이제 많은 것이 보이고 알게 됐어요. 짐작했던 것보다 훨씬 좋아요. 살 수 없을 것 같았어요. 당신과 이별한 세상을 상상도 못 했거든요. 기나긴 터널에서 빠져나온 것 같아요.

　음력 3월 18일, 양력으로는 5월 8일 어버이날이었어요. 꽃이 피고 지고 꽃자리에 연초록 잎새가 돋고 송홧가루가 온산을 뒤덮어 온통 뿌옇게 물들였죠. 좀 더 지나면 반딧불이가 논두렁을 장식하고 그 사이사이로 맹꽁이들이 밤새 맹맹했죠. 맹꽁이를 잡으려면 호흡이 중요해요. 소리가 나는 쪽 언저리에 다리가 저릴 때까지 앉아 기다려야 했거든요.

　손바닥 한가운데 다소곳이 앉아있던 맹꽁이를 병에 담고 물풀을 담아 집으로 오다 보면 이 소리가 들렸죠. '솥적다, 솥쩍다'. 그 소리가 지금 들려오네요. 이제서야 당신을 조금 이해할 것 같아요. 완두콩 밥을 해놓고 당신이 홀

햇살은 그대 얼굴을 따스하게 비추고

연히 떠난 마음을…. 이젠 홀가분해요. 사랑하는 주순 씨. 오늘 밤은 푹 자요. 나를 잊어도 돼요. 이제는 당신을 어디서든 알아볼 수 있을 테니까. 잘 자고 잘 가요. 세상에 하나뿐인 내 사랑.

햇살은 그대 얼굴을 따스하게 비추고

팽이의 온도 24°C (60초 소설)

물방울 화가

　세정이 사람을 환대할 때는 물방울 떨어지는 소리가 들린다. 어머니, 아버지, 가족이라는 굴레 속에서 그 숨이 멎을 것 같은 순간을 어떻게 견뎌냈는지…. 세정을 조금이라도 아는 사람은 알 것이다.

　봄 언덕 새벽이슬이 만든 물방울들이 풀잎 위에서 송골송골 맺힐 때 세정의 표정을 당신이 봤어야 했다. 세정의 물방울은 봄과 가을에 유난히 눈부시다. 낭만파 세정은 세상의 각박함에 종종 몸서리치지만 금세 물방울처럼 영롱하게 웃는다. 그건 딸 때문이다. 딸은 세정을 빼닮았다. '엄마를 약 올리는 것, 엄마를 거역하는 것, 늘 물방울처럼 튀는 것' 세정의 딸은 세정을 닮아 사람을 환대할 것이다.

햇살은 그대 얼굴을 따스하게 비추고

세정과 딸의 눈은 초승달이다. 가만있어도 웃는 초승달. 엄마와 딸, 그녀의 남편과 그 남자의 오토바이는 세정이 세상을 꼿꼿이 살아가는 힘이 되어줄 것이다. 세정의 물방울이 또르르 떨어지면 그녀는 영락없이 활짝 웃으며 영감이 떠오른 물방울 화가가 될 것이다. 어쩌면 물방울 화가는 그녀의 삶을 흠뻑 적실지도 모른다.

_ 2023. 2. 9. 커반에서 최세정 님

팽이의 온도 25°C (60초 소설)

철의 연대

"거친 생각과 불안한 눈빛과…." 아니, 불안했던 눈빛이었다. 그는 지금 수영장에서 걸어 나와 드라이버(골프채) 보관용 라커를 빌려준 지인을 기다리고 있다. 피 묻은 손바닥에는 대부분 굳은살이 배어 있었다. 얼마 전에 시작한 골프이지만 철 씨는 일단 시작하면 무슨 일이든 지독하게 해낸다. 이렇게 안전하게 비상하기까지 수십 년이 걸렸다. 선철의 날개는 언제나 좌우로 흔들리지만 그의 눈빛은 더 이상 흔들리지 않는다. 더 이상 불안해하지 않고 오히려 차분히 그걸 지켜보는 쪽이다.

사람들 눈에 띄지 않아도, 더 많은 것이 보여도 철 씨는 한 발 물러나 관찰하는 쪽이다. 도드라지지 않고 작게 흔들리는 것들이 항상 그의 눈에 걸렸다. 연대, 작은 몸짓과

햇살은 그대 얼굴을 따스하게 비추고

작은 연대가 현재의 철 씨를 만들었다. 학창 시절에도, 입사할 때도, 입사 후 10여 년을 보내는 동안에도, 아내를 만날 때도, 아이들이 태어날 때도 철 씨는 순탄하지 않았다. 순탄하지 않은 철 씨가 안정된 비상을 하기까지의 시간은 상상할 수 없다. 그가 하루하루 작은 연대를 통해 이를테면 왼쪽 페달과 오른쪽 페달, 앞바퀴와 뒷바퀴, 오른손과 왼손, 두 발과 두 팔로 만들어 내는 속도, 그리고 목적지에서 헬멧을 벗을 때까지 그의 연대는 멈추지 않을 것이다. 작고 보잘것없는 것들과 철의 연대는 한 번도 멈추지 않았다. 그는 묻는다. 자신의 유전자를 닮은 아이들을 어떻게 키워야 하는지. 하지만 나는 말하지 않는다. 과거부터 현재까지 철 씨의 연대에는 수많은 시간과 노동의 대가가 지불되었기 때문이다. 그는 그 답을 알고 있다. 시간이 필요하고 서둘면 안 되며 견뎌내며 낮아져야 한다는 것을. 철 씨의 연대에는 감사할 줄 아는 마음과 피나는 노력이 들어있다. 철 씨는 속도를 내지만 더 이상 불안하지 않다. 거친 생각보다 유연해진 생각과 안정된 눈빛, 그걸 지켜보는 단 하나뿐인 그의 분신들 때문에 철 씨는 전쟁 같은 사랑을 할 것이다. 이제 철 씨의 연대는 초록의 능선으로 이어진다.

_ 2023. 4. 7. 커반에서 ○철 님

햇살은 그대 얼굴을 따스하게 비추고

팽이의 온도 26°C (60초 소설)

내 인생의 변곡점

    울퉁불퉁 세상을 살아오다가 문득 끝이 보이지 않을 때가 있었다. 사랑은 롤러코스터처럼 휘청거리고 몸살난 듯 으슬으슬 마음 심란하던 시절을 지나왔다. 출구를 알 수도 없는 질주를 하며 나를 결코 내던지거나 방치하지 않았다. '다독이고 추스르고 오래 궁상떨지 않고 마음이 정 안될 때는 화들짝 웃어버리며 툭 털고 바로 다시 시작하고.'

    동굴 속에서 헤맬 때 나를 지탱해준 이런 것들은 알고 보니 나의 '능력'이었다. 내 인생의 '변곡점'에서 이 능력은 언제나 빛을 발했다. 나는 정신을 집중하여 황금 동아줄을 낚아챘다. 나의 빛나는 눈빛과 사람을 당기는 웃음,

햇살은 그대 얼굴을 따스하게 비추고

언제나 저점에서 털고 일어서는 '좀비 정신' 같은 게 나한테 있었던 거다. 그 동아줄을 잡는 순간부터 내 인생은 상향곡선을 탔다. 언제나 흔들리는 게 인생이지만 나를 지탱하는 '능력'은 매일 나를 성장시켰다. 폭풍과 해일이 지나갔다. 앞으로도 수많은 쓰나미가 남아있는 생이지만. 그래서 그게 어쨌다는 건가?

비즈니스도 아이들도 건강도 이제 제자리를 잡아간다. 몸에 잘 맞는 옷처럼 가족도 따뜻한 둥지로 변했다. 나는 이 옷을 입고 세상 한가운데로 행진할 것이다. 생이 바닥이고 오리무중이라는 사람에게 말해주고 싶은 게 있다. "당신 인생의 변곡점이 그 근처에 있다. 보이지 않는 능력을 믿어라. 당신은 능력자다." 나는 최승원. 이곳 창공에서 방향키를 잡은 내 인생의 기장이다.

_ 2023. 4. 12. 망캄 교촌에서 최승원 님

팽이의 온도 27°C (60초 소설)

엄마의 말주변

4월, 꽃이 말을 걸어와요. 초록이 능선이 수양버들이 말을 걸어와요. 저들의 보폭 속에 애증이 숨어있네요. "엄마, 가지 말아요. 내 곁에 있어 주세요. 나 두려워요." 두려웠어요. 엄마가 어린 저를 두고 떠날 때마다 이 말을 했지만 내가 내뱉은 말들은 엄마의 귀에 닿지 못했어요. 엄마를 따라나섰지만 금세 엄마는 골목에서 보이지 않았어요.

어느 날 엄마가 오는 길목을 하염없이 따라가다가 나무 위에서 뱀이 떨어진 적이 있어요. 엄마에게 이 말을 처음 하네요. 얼마나 무서웠는지 저녁 내내 가슴이 뛰고 무서웠어요. 온몸을 바들바들 떨며 이 말을 수없이 되뇌었어요. "엄마, 나 너무 무서워요. 정말이에요. 나를 두고 떠나

햇살은 그대 얼굴을 따스하게 비추고

지 마세요."

엄마는 호들갑 떤다고 했지만 나는 정말 두려웠어요. 아름다운 4월이에요. 저기 수목을 거느리고 꽃 무리가 몰려와요. 어린 시절, 내가 울던 개울의 물처럼 세월이 흘러갔어요. 서럽게 울던 개울물에 비친 내가 흔들려요. 고즈넉이 멈춰 떠내려가지 못하는 또 하나의 나는 물살에 흔들리며 나를 바라보고 있어요. 그러고 보니 단 한 번도 엄마에게서 질문을 받지 못했어요. '어떻게 견뎌왔는지, 얼마나 힘겨웠는지, 마음이 어떤지' 나는 단 한마디도 들어보지 못하고 쫓기듯이 살아왔어요. 그건 엄마가 나에게 준 무언의 폭력이었어요. 나는 살아내려고 몸부림치며 살아왔어요. 엄마는 모르겠지만 나는 머리를 물속에 박은 채 미친 듯 헤엄치다가 숨이 멎을 만큼 힘들 때 한 번씩 겨우 고개를 수면 위로 올려 숨을 들이마셨어요. 이제 나는 엄마에게 질문해야겠어요. 그리고 수면 위로 나와야겠어요.

엄마, 서운하고 속상해요. 엄마는 나를 기만했고 엄마라는 이름만으로 내 안에서 일어나는 갈망, 기대, 꿈, 위로받고 싶은 마음 등 모든 걸 묻어버렸어요. 아이를 낳아

햇살은 그대 얼굴을 따스하게 비추고

키워보니 그 서운함이 얼마나 큰 것인지 더 잘 알 것 같아요. 엄마가 '나를 위한다는 명분으로' 쏟아낸 말들은 모두 나를 지치고 힘들게 했어요. 더 아픈 건 앞으로도 엄마가 이 사실을 알아채지 못할 거라는 불편함이에요. 엄마의 무의식은 나를 지치고 힘들게 했어요. 나는 큰소리로 물어보고 싶어요. "엄마, 도대체 나한테 왜 그랬어요?"

나는 엄마와 다른 방식으로 내 아이들을 대할 거예요. 결핍이 나를 성장시켰지만 그 안의 서운한 마음은 옹이같아 늘 아프고 쓰라렸어요. 말하고 나니 개울가에서 울던 또 하나의 내가 내 눈을 조용히 바라보고 있네요. 내가 듣고 싶던 말들이 떠내려가네요.

한쪽 편에서는 내가 듣고 싶던 말들이 오고 있네요. 들풀처럼 흔들리는 천방지축 아이들, 든든한 남편, 민들레 홀씨처럼 언제나 자신을 낮추어 홀씨 대처럼 나를 받쳐주신 아버지가 있었네요. 아버지의 마음을 생각하면 눈물이….

'영리한 머리, 사람을 끌어들이는 웃음, 마르지 않는 마음 밭, 수목과 꽃들의 교감' 그건 속울음을 삼키며 상처를 딛고 일어선 나의 모습이에요. 4월의 수목과 꽃, 저 봄의 군단들이 나에게 응답하네요. 엄마에게 하고 싶던 말들도, 듣고 싶던 말들도 모두 떠내려가네요.

이제 더 이상 엄마에게 기대하지 않을 거예요. 내 마음에 대한 궁금증도, 기대도, 엄마를 충족시키는 성취도, 나를 키워낸 8할의 걱정도 이제 상관없어졌어요. '나는 엄마와는 다른 엄마가 될 테니까. 나는 자연의 친구, 수목의 치료사이니까.'

_ 2023. 4. 7. 가비양에서 ○○님

팽이의 온도 28°C (60초 소설)

나가사키에서 울다

"당신의 인생을 소설로 쓴다면?" 이 말을 듣는 순간 참았던 눈물이 왈칵 쏟아졌다. 눈물의 진원지는 사람에 대한 연민, 서운함, 그리움보다 '그녀의 삶' 쪽에 가깝다. 어머니의 기도로 자란 연출 씨와의 만남은 쌍끌이였다. 영남과 호남, 부산과 이리. 머나먼 세상의 거리를 좁혀가며 호기심과 기대, 불안과 억척 속에서 가정을 꾸리고 아이들을 낳아 믿음의 힘으로 키워내며 질주한 30여 년.

써니의 낭만과 그리움, 이별, 그리고 평생 지켜준 십자가. 요리 여행, 자상함과 온화함에 이르기까지 더할 나위 없는 남편과 함께한 나날들은 하루하루가 선물이고 축복이었다. 하지만 일기장에 숨어있던 씨앗이 자라 싹트고

햇살은 그대 얼굴을 따스하게 비추고

이파리가 비를 맞는 동안 아무도 물어주지 못했다.

'소설 같은 인생'에 대하여. 나이스 샷을 해도, 발리를 여행해도, 목젖이 보이도록 웃어도 채워지지 않는 2%는 '써니의 일기장'에 소설처럼 숨어있다. "당신의 삶을 소설로 쓴다면?"이라는 질문을 받았을 때 가슴 깊은 곳에서 몽실몽실 피어나던 써니를 만났다. 그리고 ○○ 씨는 그 답을 알고 있다. 원자폭탄이 터진 나가사키의 핵 폭격 중심지를 지나 십자가와 쇳덩이가 녹아 폐허가 된 현장에 서 있는 소녀의 눈빛을 보며 ○○ 씨는 다시 한번 울컥한다.

비가 와도, 가슴 저미는 소식을 들어도 쉽게 눈물을 보이지 않던 ○○ 씨는 이제는 알고 있다. 어쩌면 삶은 답이 아닌 여정일지도, 축복된 이 삶 속에서 만나 여물어가는 순간순간의 느낌일지도, 길 위에 또 길이 있고 종착역은 없을지도 모른다는 것을…. ○○ 씨의 눈물 강 너머에는 쓰다만 써니의 일기장과 연필 한 자루가 가지런히 놓여있을 것이다. 그 필기구는 ○○ 씨의 기쁨이 될 것이다.

_ 2023. 3. 26. 나가사키 ○○ 씨

햇살은 그대 얼굴을 따스하게 비추고

팽이의 온도 29°C (60초 소설)

무전 여행자 겸이

나의 첫 여행은 무전여행으로 시작되었다. 소방관을 사직하고 교행직에 합격한 후 떠났으니 홀가분했다. 여행 속에서 바라본 세상은 나를 초라하게 만들었다. 나는 '우물 안 개구리'보다 옹졸한 삶을 살았다는 것을 알게 되었다. 발길이 닿는 곳마다 새로운 사람과 음식과 문화와 낯섦이 있는 여행. 3교대 소방관으로 일하며 갈급했던 모든 것을 여행에서 채울 수 있었다.

'인생도 여행처럼!'
무전여행을 통해 내가 알아차린 깨달음이다. 내 삶 속으로 여행이 들어왔다. 새로운 일을 접해 두려움이 엄습할 때마다 나는 여행을 생각했다. 준비해 떠나고 부딪히고

햇살은 그대 얼굴을 따스하게 비추고

바꾸고 성찰하고 돌아서 가고 때로는 집으로 돌아오고 멈춰 선 것 같을 때는 다시 짐을 꾸려야 하는 것이 여행이었다. 그렇게 여행이 내 삶 속으로 들어왔다.

여행 도중 만난 승희는 내 인생의 동반자가 되었다. 아이가 생기지 않았다. 우리 둘은 좀처럼 나타나 주지 않는 아이를 기다리다가 문득 다시 여행을 생각했다. 내 인생에는 오지 않을 아이일지도 모른다는 생각이 드는 순간 나는 다시 무전여행을 꿈꾸었다. 기다림에 지쳐 쓰러져 있을 때 딸 '이담'이 우리에게 왔다.

'내 여행의 하이라이트!'
승희를 닮아 작은 보조개로 방긋 웃으며 헤엄치는 이담은 내 무전여행의 종지부를 찍었다. 이곳이 내 여행의 종착역이어도 무방하다. 하지만 나는 여행을 멈추지 않는다. 이 설렘이 멈추지 않는 한 여행도 멈추지 않는다. 나는 행복한 지구별 여행자, 이담의 아빠다.

_ 2023. 9. 29. 인천 김선겸 님

햇살은 그대 얼굴을 따스하게 비추고

햇살은 그대 얼굴을 따스하게 비추고

3장

봄의 성찰
(5월의 노래)

팽이의 온도 30°C

연꽃

만나고 가는 바람같이 소쩍새 운다. 솥이 작을 리 없는 신도시 능선 위의 적막한 불빛을 향해…. 『파우스트』를 읽기 시작한 도반들이 생각난다.

〈여백, 『파우스트』의 도반님께〉
파우스트 독서 안에서 평온하신지요? 이 문장이 오랫동안 남아 멍하니 하늘을 바라보며 걷네요. 왜 그토록 많은 사람 주위를 맴돌며 영혼을 흔드는지, 알아가는 즐거움이 저만의 것은 아닐 거라고 생각됩니다.

[아이(i) 자 위의 점 하나쯤은 발견해 내겠어. 그럼 위대한 목적이 달성되는 거죠. 노력에는 그만한 보상이 따

햇살은 그대 얼굴을 따스하게 비추고

르는 법]『파우스트』

기대되고 설레는 독서입니다. 이 독서 만남이 도반님을 자유롭게 할 것입니다. 도반님의 현재 독서지점, 소식 주세요. 단 한 문장도 무방합니다. 기대되고 설렙니다.

솥이 작을 리 없는 적막한 산등성이에서 우는 소쩍새의 밤. 만만찮은 인생살이를 일깨워 주는 소쩍새의 울음소리가 진양조 장단으로 들린다. 영혼의 무게도, 바람의 뒷모습도 기미를 찾을 수 없는 과도기에 누각처럼 버티고 서서 노래하는 자는 잠들 줄 모른다. 딱따구리, 개구리, 두꺼비와 고라니, 굶주린 들고양이의 퀭한 눈에 허기가 그득하다. 솥이 작을 리 없는데 숱한 애완동물들이 사람들을 몰고 다니며 사람을 희롱한다. 문득 홀로 뿌리 내린 연이 세월을 움켜쥐고 바람과 만나 연이 닿은 세상 곳곳에 향 없는 꽃망울을 만들고 있다. 모란이 연을 흉내 내다가 속절없이 떨어진다. 밤이 깊고 푸르다.

햇살은 그대 얼굴을 따스하게 비추고

팽이의 온도 31°C

스승에게 바치는 헌사

지금부터 아무리 멋진 설계도를 그려도 집이 완성될까요? 완성되지 않는다는 보장이 없어 우리는 매일 그림을 그립니다. 집이 완성되는 것이 저와 상관없다는 걸 알게 되었어요. 그건 우리의 만남이 시작된 이후 지금까지 제가 보아온 것입니다. 그중 어떤 집은 이미 완성되어 우리가 살고 있다는 사실이 놀랍고도 감사합니다. 그 집을 소개합니다. 조성희 집, 박영순 집, 우수민 집, 이주원 집, 김혜경 집, 고명금 집, 김민영 집, 이경희 집, 이진규 집, 정복자 집, 김영돈 집, 오정미 집, 정성희 집.

우선 일의 우선순위가 생겼고 더 이상 서둘거나 허둥대지 않는 집. 이 집은 견고하고 때로는 포근합니다. 둘째,

햇살은 그대 얼굴을 따스하게 비추고

화가가 12명인데 모두 그림을 그리고 그것은 누군가를 유익하게 해줄 그림이죠. 그림이 그려지지 않을 때 몰려오는 막막함은 상상을 초월할 만큼 힘겹겠지만 그들은 여전히 살아 숨쉬고 있다는 사실. 셋째, 그 12명의 움직임입니다. 거대하거나 화려하지 않아도 물먹은 듯 생기를 띤 움직임들. 제게 이 3가지는 단언컨대 당신, 조성희 교수님 때문이에요. 단호하며 따듯하고 느슨하면서도 고삐를 놓지 않는 손목의 힘이 우리를 흐르게 하죠.

'사람은 변하지 않는다'라는 말은 그자가 지향점과 생기를 잃었을 때의 얘기 같아요. 지향점을 향해 움직이는 사람은 변합니다. 그 파동은 미세하지만 얼음에 숨구멍이 생기면 빙하가 무너지고 물줄기가 강물이 되어 바다로 흐르듯 그렇게 큰 그림이 되어갑니다.

5월의 정원은 푸르고 푸릅니다. 그 짙푸른 정원 담장 너머로 고개를 드는 장미 행렬을 보세요. 그 가시와 끝없이 퍼져가는 넝쿨과 콘크리트 바닥을 덮는 꽃잎을 보세요. 그러니 우리 쉬지 말고 계속 움직이며 흔들려요. 강물이 될 때까지. 바다에 이를 때까지.

_ 2023. 5. 15. 스승에게 바치는 헌사

햇살은 그대 얼굴을 따스하게 비추고

팽이의 온도 32°C

두 어머니의 죽음

〈이방인 뫼르소와 내 어머니의 죽음에 바쳐〉
어제(1980년 5월 7일(음력 3월 18일)) 정확히 43년 전 엄마가 죽었다. 어머니날 전날이었다. 올해는 음력과 양력이 일치되는 해여서 그런지 모든 게 생생하다. 구판장 아주머니가 어린 내게 엄마의 사망 소식을 전하며 말했다. '저 어린 것, 불쌍해 어쩌나?' 그때 그녀는 맛동산과 별사탕이 든 건빵 과자를 준 것 같다. 아니, 맛동산은 분명한 것 같고 건빵은 희미하다.

엄마의 평소 소원대로 꽃상여를 타진 못했다. 엄청 무거운 상여를 동네 청년들과 아저씨들이 맸다. 핏발선 목의 힘줄과 푹 패인 어깨가 그 무게를 말해주었다. 요령잡

햇살은 그대 얼굴을 따스하게 비추고

이의 구슬픈 방울 소리와 구성진 선창이 동네 한가운데 도랑을 따라 깊은 산 속 소나무밭으로 옮겨졌다. 고음으로 시작되었다가 오르락내리락하다가 사자와 자식들을 호명하며 질문이나 투정 조로 마무리하는데 '어이야, 어이야'라는 후렴구가 뒷받침했다.

아카시아 향내와 상여꾼들이 뿜어내는 막걸리 트림 내가 곡소리와 섞여 상여를 맴돌았다. 하관하고 작별을 고하고 나서 43년 동안 도망쳐 왔지만 모든 게 생생하다. 그 후 아버지, 작은형, 이모, 이모부, 큰아버지, 큰어머니, 조카, 사촌 형이 무순으로 하나씩 떠났지만 그때마다 상여는 어머니만큼 무겁지 않았고 그날만큼 날씨 좋은 날도 없었다.

'좋은 날 갔으니 좋은 데 갔을 거야.'라고 동네 아낙들은 그들의 불행한 삶을 어머니의 죽음을 담보로 잠시 밀어두었다. 그래, 43년 동안 살아오면서 마흔 세 번의 가을과 여름, 겨울과 봄을 보냈지만 봄이 가장 생생했다. 뫼르소는 어머니를 잃고 햇살이 너무 눈부셔 살인을 저지르고 이방을 떠돌며 살아갔지만 나는 정신을 똑바로 세우고 '그걸' 놓치지 않기 위해 방황했다.

햇살은 그대 얼굴을 따스하게 비추고

'그것'. 그것이 43년의 세월을 흘러와 흐르고 있다. '그것'은 언제 죽을지 모르니 작별의 시간 따위가 별도로 기다리지 않는다는 것. 하이에나가 아킬레스를 물고 달려들지 않는 한 살기 위해 발버둥칠 일은 없다는 것. 평소 깨끗이 죽어 있어야 한다는 것. 불필요한 모든 욕망과 에고로부터 자유로워야 한다는… '그것'.

'그것'이 생겨난 것은 외면당하면서도 사라지지 않는 '문장들', '이야기들'이 주는 생기들…. '그날의 풍경과 날씨, 아카시아 향기와 막걸리 트림'의 기억이 내 삶을 한 발짝도 바꾸어놓지 못했다. 내 삶을 바꾸어놓은 것은 변소에 밑닦이 용으로 가져다 놓은, 일력 옆에 놓인 「선데이 서울」 같은 잡지와 혹시 몰라 형이 사두고 형에게 외면당한 『돈키호테』나 『파우스트』 같은 책들이 주는 춤추고 고뇌하는 문장들이었다.

"그건 내 잘못이 아니다. 삶도 죽음도 내 몫이 아니다." 선생에게 소식을 전하자 선생은 "알았으니까 그렇다고 자주 지각이나 결석하지 마! 사람은 다 죽어!"라고 말했다. 나는 선생의 화가 이해되지 않았다. 돌아서 짐작해보니 부모상에 출결 처리를 제대로 못해 교장에게서 꾸지람

햇살은 그대 얼굴을 따스하게 비추고

을 들었던 것 같다. 어쨌든 대부분 다 그렇게 자신의 욕망 안에서 살아간다.

　아버지와 어머니는 살아생전 자신들의 계획대로 된 일이 없었다. 내 기억으로는 단 한 번도 없었다. 심지어 자식들까지도. 그건 사이가 나빴던 두 사람의 무덤이 고향 선산에 합장된 것으로 증명되었다. 살아있는 자들은 죽은 자를 따라잡지 못한다. 물론 그 반대는 더 분명하다. 단지 사람으로 나서 사람으로 살다가 갈지, 그 이하의 동물로 살아갈지는 각자의 선택지다. 뫼르소도 카뮈도 니체도 고흐도 진짜 죽었는지 아무도 모른다. 안 죽는 것들이 분명히 있는데 그건 내 지향점에 남아있을 것이다. 43년 전 어제 엄마가 죽었다. 그건 내 잘못이 아니었다.

팽이의 온도 33°C

수행자, 여백서원 전영애 시인

'지향이 있는 한 모든 인간은 방황한다.'
"『파우스트』를 한 문장으로 어떻게 말할 수 있나요?"라는 질문에 대한 여백서원 촌장 전영애 시인의 답변이다. 죽기 전 『파우스트』를 완독하는 방법을 질문했다. 70대 후반의 노인도 같은 질문을 했다며 함께 읽을 팀을 구성해 나눠 읽으면 된다는 대답이 돌아왔다. '『파우스트』를 함께 읽을 사람'을 떠올리다가 나는 "그게 더 어렵겠네요."라며 말을 흐리고 말았다.

'괴테' 하면 떠오르는 게 있다. 초등학교 때 명작 한 권을 골라 저자와 제목을 써오라는 숙제가 있었다. 그때 고른 것이 괴테였다. 나는 '괴테'라는 이름 때문에 아이들의

햇살은 그대 얼굴을 따스하게 비추고

놀림을 받았다. 그때 얼굴이 가무잡잡하고 딱지치기와 구슬치기를 잘하는 '규태'라는 이름의 친구가 있었기 때문이다. 친구들은 "너, 규태 읽었니?"라며 놀렸다.

 문학적 취향 때문에 적잖은 시와 소설을 읽었다. 괴테의 『파우스트』는 수없이 도전했지만 1막을 못 넘겼다. 그 후 고등학교 때 독일어 선생이 '괴테는 안 읽어도 되니 독일어 공부만 열심히 해라. 어차피 너희가 읽어도 이해 못한다.'라는 말을 끝으로 『파우스트』는 내 독서와 사유의 공간에서 사라졌다.

 내 후반기는 후학을 위하여, 시를 위하여! 박수부대를 자청하겠다는 노학자 전영애 교수의 여백서원은 여주 처가에서 멀지 않은 곳에 있었다.

 '내가 원하면 무슨 일이든 주저 없이 결단하고 행동하기'
'마음이 시키면 몸이 즉시 움직이며 괜찮은지는 목적지로 향하는 길 위에서 묻기'
'흐름의 통로, 유발자로 살기'
'쉬지 말고 움직이는 것은 방향을 찾기 위한 몸부림'

햇살은 그대 얼굴을 따스하게 비추고

'Move! Hip!'
'시간 여행의 규칙, 완전한 독립체로 사람, 공간, 주제를 선택하는 데 아낌없이 헌신할 것'

나는 방황하는 수련자의 길을 가다가 수행자 전영애 시인이 살고있는 여백의 길목으로 들어섰다.

4월 29일(여백서원은 매월 마지막 주에만 오픈함) 오전 10시, 오후 2시 일정으로 촌장의 괴테 사랑(자랑?) 시간이어서 11시 언저리에 도착하니 신발이 가득하고 문 밖에는 안으로 들어서지 못한 사람들이 안을 기웃거리며 두런거리고 있었다. '언제부터? 이 많은 사람이 괴테를? 왜?'라는 의문을 품고 산책길을 지나 시정(시의 정자)에 들어섰다.

정자에서는 일단의 중년 남녀가 간간이 술잔을 돌리며 크게 떠들고 있었다. 괴테 동산, 전망대, 산책길 등은 충분한 산소를 들이키거나 다리 근력을 단련하기엔 좁고 화려한 유원지도 아닐진대 정자 한쪽 편에서 떠들썩하게 마음대로 지껄이는 무리가 있었다. 방으로 들어섰다. 방 한가운데 시인의 책 한 권(맺음의 말)이 탁자 위에 놓여

햇살은 그대 얼굴을 따스하게 비추고

있었고 시인이 쓰다만 메모지와 시집들이 가지런히 놓여 있었다. 정자 옆에서는 "저기 들어가도 되나? 출입금지 간판은 없는데? 다들 알아서 하겠지 뭐."라는 뒷소리가 들렸다. 거기서 동반한 류효정 여사와 한참 이야기꽃을 피우며 앉아있었다. 촌장의 시집과 수첩을 뒤적여 보다가 여백의 뜨락을 고즈넉히 바라보고 있었다. 여백을 방문한 수많은 사람이 유리 밖에서 우리를 기웃거리거나 사진을 찍으며 지나갔다.

탁자에는 『맺음의 말』이라는 책이 놓여 있었고 이곳 정자가 세워질 당시의 소회, 건축 문제, 가족들 소식, 민원 신청 내용 등 살아갈 결심이 여기저기 적힌 수첩 2권과 이 시정에 보관할 요량으로 밖으로 내돌리지 않을 시집 10권이 뽀얀 먼지를 덮어 쓴 채 있었다. 먼지 쓴 메모지를 뒤적거렸다.

[2010년 12월 10일, 아버지 가시다.
2017년 6월 14일, 이 정자가 완공되고 15일 밤 내려옴.
2017년 6월 16일, 대학원 수업을 듣는 영주, 정민, 충수와 시를 읽다.
2017년 6월 19일(화), 마당을 정리하고 처음 홀로 정자

햇살은 그대 얼굴을 따스하게 비추고

에 앉다. 어둠 속에서 푸드덕 청둥오리가 내려앉는다. 어둠 속 그들의 물장구 소리, 내가 판 연못, 내가 다진 터, 내가 다진 주춧돌.

11월 20일, 가건물 창고를 치워야 건축 허가가 난다기에 설왕설래하다가 결국 모조리 다 치우기로 했다. 작년에 기대 씨가 만든 책 10권을 정자 방으로 옮겨와 쌓고 오늘 아침에 정리했다. 묶기로 한 수필집 제목으로 "삶'이 어떨까?'라는 생각이 스쳤다. 온 김에 여기서 마저 다 쓰고 가야겠다.

'올바른 목적에 이르는 길은 어느 구간에서든 바르다.'
《명심하라, 괴테》

수련단계를 훌쩍 넘어 수행자의 길을 걷고 있는 전영애 촌장은 질문하기가 무섭게 폭포수처럼 사연이 터지고 만개한 꽃과 같은 웃음을 보냈고 질문할 때마다 박수를 치며 공감의 아우라를 보냈다. 여백의 산책로에는 괴테의 문장들이 가득했고, 촌장의 설계도에는 미래의 괴테동산이 넓게 펼쳐져 있었다.

그녀는 말한다. 세상으로부터 받은 게 너무 많아 주체

할 수가 없다. 서둘러 돌려주고 싶다. 나는 촌장 앞에 줄 선 사람들을 비집고 그녀 앞으로 가 책을 건넸다. '당신의 계절, 설렘이 멈추지 않기를. 바람이 언제나 그대 등 뒤에서 불고 햇살이 언제나 그대 얼굴을 따스하게 비춰주길…' 졸작을 건네고 서둘러 여백을 빠져나왔다. 촌장은 "이제 어딘지 알았죠?"라며 오랫동안 기다렸다는 듯 말했다.

여백서원은 전영애 촌장이 홀로 거닐고 여백은 정원을 산책하는 바람과 새소리로 가득했다. 집에 돌아와 서재를 뒤져보니 '박상화 번역, 1977년 판 『파우스트』'가 누렇게 바랜 채 나를 기다리고 있었다. 나는 첫 장을 넘겼다. 이번 생의 첫 과제를 시작할 참이다.

팽이의 온도 34°C

햇살은 그대 얼굴을
따스하게 비추고

'올해도 HOT하고 HAPPY하게'

'올해도 샘과 멋진 꿈 이루어 보려고 합니다. 행복한 시간 만들어요. 감사합니다. 여긴 SRT 오버, 부산행 합니다. 후후후'

빌어먹을 그 'SRT일지도 모른다'라는 데 생각이 미치자 참았던 눈물이 쏟아졌다. 1년 동안 소식을 전하지 못한 그녀의 부음을 듣고 서둘러 휴대전화를 뒤져보았다.

'샘, 굿모닝. 아동보호, 모든 아이는 모두의 아이. 사랑, 아동학대 금지 등을 모두 포함한 슬로건 있을까요?

'ㅋㅋㅋ 홍보문건으로 넣으려고요'

'샘, 굿모닝. 가치 카드 구입 문의하시는 분이 계셔서 카페랑 샘 핸드폰 번호를 알려줬어요. 오늘도 많이 웃으시는 행복한 날 되세요. ㅋㅋㅋ'

'샘, 좋은 슬로건 하나 주세요. 기관연수 가는데 멈춤, 도약, 자연, 성장, 힐링…. 이런 것들을 포함한 멋진 문장 있을까요?'

'내가 말 만드는 사람도 아니고 맨날 말 만들어 달래? 「같이 가치롭게, 성장하는 힐링캠프」 어때요?'

'캠프 대신 한 단어로 만들어 주시오'

'제목은 일단 '나는 대한민국 사회복지사다'로 갑시다. 목차는 선생님 구상대로 1장 열등감은 영혼과 맞닿는다, 2장 결핍은 인생의 동력, 3장 나는 대한민국의 사회복지사다, 4장 복지는 사랑이다, 5장 브라보 마이 라이프로 시작합시다.'

햇살은 그대 얼굴을 따스하게 비추고

'엄청 기대됩니다…. 오늘 하루도 참 감사합니다. 호호호'

'안녕하십니까? 샘, 여행은 잘 다녀오셨죠? 카프카가 아는 척하던가요?'

'과제가 뜸해요. 1순위로 하셔야 하는데? 못 미더워지는데?'

'잠시 몸이 안 좋아 병가 냈어요. 퇴원하면 득달같이 할게요. 호호호'

'에이 또 어디가 아퍼~? 아플 시간 없는데. 빨리 쾌유해요'

'네네, 샘. 항상 응원합니다'

'아프면 응원하지 마요. 다 낫거들랑 치맥하며 응원해'

그녀의 카프(카톡 프로필)에는 흰 국화와 함께 이런 문장이 쓰여 있었다.

햇살은 그대 얼굴을 따스하게 비추고

'나의 사랑하는 누나가 10월 11일 11시 13분 하늘의 별이 되었습니다. 좋은 곳으로 갈 수 있게 기도해 주세요' 그녀의 하나뿐인 동생 상수가 써놓은 것일 터였다. 부음 소식을 듣고 나는 먼 길을 떠나는 사람처럼 가방을 쌌다. 가방에는 그녀가 좋아할 만한 책을 있는 대로 집어넣었다. 그 안에는 『프리다』, 『리디아의 정원』, 『프레더릭』, 『슈퍼거북』 같은 동화책도 있었다. 어깨가 휘청이도록 무거웠다. 뭔가 무거운 걸 매고 가야 할 것만 같았다. '그래야 그녀가 미안한 마음에 역 근처에라도 나와줄까?'라는 황당한 상상을 했다. 그녀는 종종 '지금은 부산행~'이라는 문자를 보냈다. 그때마다 그녀의 후렴은 '후후후'였다. 부탁할 때는 'ㅋㅋㅋ.'

싱그러울 때는 '호호호', 난처할 때는 'ㅎㅎㅎ', 많이 힘들 때는 'ㅎ'을 수없이 찍어 보냈다. 그녀가 가장 즐거웠을 때 탔던 SRT를 타고 그녀의 문상을 하러 갔다. 창밖에 펼쳐지는 황금 들판이 남쪽으로 갈수록 짙어졌다. 어둠이 내릴수록 마음이 무거워졌다. 투병 사실을 누구에게도 알리지 말라고 동생에게 부탁했다고 한다. 그러고 보니 남에게 '민폐' 끼치는 일을 하지 않는 그녀였다.

햇살은 그대 얼굴을 따스하게 비추고

나는 부산역에 내려 주변을 두리번거렸다. 황소 같은 눈망울과 배꽃 같은 웃음을 가진 최수미 선생님이 사방 출입구 어디선가 튀어나올 것만 같았다. 생전 아프다고 할 때마다 "최 선생, 죽을병 걸린 거 아니야?"라고 농을 하면 억센 부산 사투리로 "뭐라카노? 그 정도는 아냐. 아무리 내가."라며 발끈하던 그녀였다.

직업이 사회복지사였기 때문일까? 아니다. 그녀는 태생이 밝은 사람이었다. 특별히 이주민이나 학대받는 아동을 돕는 일을 즐거워했다. 책도 쓰고 중독 분야의 박사학위를 따 '샘처럼 저자 강연회도 하고 사인도 해주고 빌미 삼아 북 토크도 하고….'라며 하고 싶은 일이 많았던 그녀가 떠났다.

"누나는 내 인생의 전부였어요."라며 울먹이는 동생 상수 씨를 뒤로하고 부산역으로 돌아왔다. 생수 두 개를 가방에 집어넣으니 가방은 허리가 휘청할 만큼 무거웠다. 나는 가방을 맨 채 SRT에 올라탔다. 그리고 한참 그 자리에 서서 멀어져가는 부산역을 바라보았다.

그녀가 힘들어 할 때마다 '삶의 가장 큰 역경도 살아있다는 증거'라며 위로했지만 그녀는 그 증거를 오래 남기지 못하고 떠났다.

　최수미 선생이 떠나고 한 주가 지나 가을비가 내리고 다시 햇빛이 가을 들판에 온통 쏟아져 내렸다.

　당신의 가을, 부디 따듯하길.
　햇살이 그대 얼굴을 따스하게 비추길⋯.

햇살은 그대 얼굴을 따스하게 비추고

팽이의 온도 35°C

저기 뭉크가 걸어간다

저기 뭉크가 걸어간다. 그의 벌어진 입과 뚫린 눈구멍으로 꽃잎이 지나간다. 꽃잎은 웃는 입과 눈을 번뜩이는 사람들을 지나치지 못한다. 그건 바람이 불어도 마찬가지다.

눈을 부릅뜬 사람들에 지친 꽃잎이 속절없이 떨어진다. 분명히 바람 때문이 아니었다. 나는 그 장면을 똑똑히 보았다. 저기 눈을 잃고 입을 벌린 채 신도시를 걸어가는 뭉크의 모습처럼 똑똑히. 뭉크는 알고 있다. 만개 앞에서 '턱' 멈춰버린 사람들의 마음을….

햇살은 그대 얼굴을 따스하게 비추고

꽃으로 눈이 멀고 눈에 구멍이 나면 비로소 이파리가 하나씩 돋아난다. 꽃에 눈을 빼앗긴 사람들이 쉬지 않고 떠들며 웃는다. 평생 이 순간을 기다려 온 것처럼…. 노을이 지면 사람들의 웃음소리는 잠잠해지고 꽃은 여기저기 뒹굴며 사방으로 흩어진다. 뭉크의 모습이 멀어져간다. '어디로 가고 있는 걸까? 어디 가는지 물어볼 걸.'이라고 생각하자 뭉크의 구멍 난 눈과 입으로 지나가던 꽃잎이 눈앞에 선하다.

뭉크는 노을을 등지고 떠났다. 꿈속에서 뭉크를 만날 수 있을까? 뭉크는 꿈속에서 꽃을 마주하면 환하게 웃을까? 뭉크는 이 거리를 왜 지나가고 있었을까? 침묵에 다다를 때까지 걸어가야 할 삶의 굽이굽이마다 삶과 죽음의 격이 있나니 인간으로 난 죄의식을 어찌 감당하고 살아야 하는가? 쓰기를 멈추고 할 수 있는 일이 존재하기는 할까?

이 고요한 적막을 가로질러 간 순교자들의 눈과 귀와 입과 심장과 고통과…. 엔도 슈샤쿠의 산책과 그의 손가락에서 타 오르다가 꺼져간 담뱃불, 희뿌연 연기. 그의 주변을 맴돌다가 지친 순교자들의 영혼은 어디 있을까? 좀

햇살은 그대 얼굴을 따스하게 비추고

전에 지나간 뭉크는 영혼의 행방을 알까?

 엔도 슈샤쿠는 중얼거린다. "인간의 고뇌가 이렇게 큰데 바다는 저토록 눈부시게 푸릅니다. 주여! 이 고요한 외침을 절규를 들으시나이까? 뭉크는 간 데 없고 잎새는 푸르러지는데…. 주여! 고독한 영혼들은 모두 어디로 인도하시나이까? 그곳에 제 노숙인 친구 정*술, 윤*구, 박*용도 포함해 주시옵소서."

팽이의 온도 36°C

'감'에 대하여

  물은 밀어낼 때보다 순간적으로 움켜쥘 때 힘을 받는다. 밖으로 순간적으로 움켜쥘 때…. 느슨하게 밀어낸 물은 손가락 사이로 빠져나갔다. 물을 손에 쥐려면 '순간적인 움켜쥠'이 필요하다는 증거일 것이다. 순간적인 움켜쥠으로 자유형 물잡기를 적용해 보았다. 과연 예전의 밀어내는 느낌보다 뭔가 딱딱한 디딤 하나를 딛고 앞으로 추진하는 느낌을 받았다. 그 감을 잊지 않기 위해 '자유형 쉬지 않고 돌기'에 도전했다.

                                _ 1110~1150, 2023. 1. 24.

  숨이 찰 때마다 물을 움켜쥐며 디뎌나갔다. 숨을 참을 수 없을 때만 올챙이처럼 공기를 들이마셨다. 생각이 살

햇살은 그대 얼굴을 따스하게 비추고

아날 때마다 돌멩이를 던지듯 손을 움켜쥐며 물을 디뎌나가며 어딘가로 가야 한다는 생각을 발로 떨쳐냈다.

풀장 천장 틈으로 한 줄기 햇빛이 흐린 눈동자를 비춰주었다. 가라앉지 않을 만큼 팔다리, 몸통, 고개를 움직였다. "멈추면 처음으로 돌아가요. 아무 소용없어요." 수중에서 멈추고 싶을 때마다 처남이 하는 말이 들려왔다. "절대로 죽지 않으니까 멈추지만 말고 가세요. 속도는 그다음 일이에요."

물속을 유영하는 인간들을 볼 때마다 '저렇게 끊임없이 물속을 유영하면 얼마나 좋을까?'라는 생각을 마음속에 늘 품고 살았다. '자유'에 대하여 나는 오랫동안 그 매듭을 풀지 못했다. '감이 오고 설렘이 일렁이는데 연습이 없다면 자유도 없다' 하나남은 감이 홍시가 되어 까치의 먹이가 되곤 했던 쉰 해를 돌아본다. 10년은 허기졌고 20년은 굶주린 채 떠돌았으며 비로소 20년은 수많은 감이 대롱대롱 눈앞에서 아롱거렸다.

과연! 과연! 지금 광 속에 쟁여놓은 감들은 지난 50여 년의 가을 동안 모아둔 것들이다. 슬픈 얼굴의 어머니가 쓸쓸한 시조를 읊는 아버지의 목청을 뒤로하고 봄나물, 여름 콩밭, 가을 이삭들을 주워 나르던 '누런 광주리…'. 그 광주리 위에서 떫은맛을 걷어내며 겨울을 나는 감들. 물을 밀어내려고 했다. 발버둥은 몸을 추진하지 못했다. 기다리지 못했다. 생각에 이끌려 눈을 보지 못했다.

40분간 물을 딛고 달린 후, 예정에 없던 예정된 듯한 '만남과 작별' 소식을 접하고…. '냉동고 한파에 갇힌' 여행객들의 발 구르는 소리에 맞추어 감은 조금씩 떫은 기를 뱉어낸다. 프로는 물을 딛는 사람이다. 물을 디딜 수 있다면 눈에 보이지 않는 수많은 것들이 걸려들 것이다. 쉬지 않고 연습한다면.

* 물속을 헤쳐나갈 때 어디선가 이런 말들이 들려왔다. "그 사람, 숨쉴 때 올챙이 같지 않아? 가뭄에 숨 쉬려고 고개 드는 올챙이(못 참고 터져 나오는 '키득키득' 웃음소리도 들렸다). 그래도 지독한 걸. 한 번도 안 쉬고 헤엄쳐 나가던 걸. 나는 맨날 수달처럼 서 있는데…. 나는 언제쯤 저렇게 해보나? 하긴 그럼 뭐해? 자세가 올챙이인데. 선수가 될 것도 아니잖아?"

햇살은 그대 얼굴을 따스하게 비추고

* 창문 너머 보이는 난방공사. 연통에서 뿜어져 나오는 연기는 내게 화장장, 전사의 경연장, 구름의 전령, 제국의 건국, 인생의 생로병사와 순환 등의 '감'을 불러 일으킨다.

햇살은 그대 얼굴을 따스하게 비추고

팽이의 온도 37°C

숨비소리

스콜이 온다. '호이~' 휘파람. 떠돌이 배가 오만 촉광이다. 제주의 4월은 동백지고 수국은 새벽 비, 돌아오지 않는 지아비, 새끼들 생각에 '호이~ 호이~'한다. 목숨줄이 들락거려도 놓을 수 없는 물질 50년 상군. 이게 인생의 종착역이라도 님은 오지 않을 것이다.

잘 살 것이다. 아니, 잘 살아라. 귤밭을 되놈들에게 농락당해도 왜놈들 발바닥을 곰 발바닥처럼 핥아도 희희낙락 고개를 쳐들고 다니는 놈들이 두 주먹 불끈 쥐고 어퍼컷을 날리는 조선. 바람아! 너는 이맘 알겠냐? 비야, 너는 어떠냐? 제주 어망 숨비소리, 빗소리, 바람 소리, 물소리, 숨비소리.

햇살은 그대 얼굴을 따스하게 비추고

삼별초, 여태껏 유배지에 서성대는 추사, 4.3. 씨가 말라 버린 사내들의 빈자리에 해녀들은 촘촘히 견갑골 맞대고 살아냈다. 한 걸음 아니, 한 물질 아니, 한 호흡 앞에 죽음이 똬리를 틀어도 저승 물 퍼다가 이승 새끼 챙기는 해녀들의 수눌음. 작금 조선은 수눌음은커녕 …….

아, 참! 신문 안 보기로 했지. 가을, 겨울, 봄, 여름, 다시 가을, 겨울, 봄, 여름…. 이렇게 다섯 해 살아 보시길. 그 세월이 호상이라 곡을 하는지, 서글퍼 곡을 하는지 이리저리 헷갈리며 분주하다면. 이번 생에는 차라리 하루살이나 휘파람새가 되고 싶다. 저 궁창의 인간들보다 차라리…. 문득 말문이 막힌다. 도두리의 스콜을 온전히 받는다. 저 바다, 끝이 안 보이는 수평선을 지그시 바라보면 거기 어망들이 해녀들이 아니, 견뎌낸 사람들이 살아 있다.

햇살은 그대 얼굴을 따스하게 비추고

팽이의 온도 38°C

여주 찍고 마라도

어딜 돌아서 왔는지 묻지 마세요. 그건 목주름, 눈두덩이 미간에 담겨있으니까요. 파도가 칠 때마다 불쑥불쑥 삐져나오는 메슥거림은 세월을 맞추지 못하는 성미 탓입니다. 눈을 가늘게 뜨고 살포시 미간을 접으면 꿀떡 넘어가는 것들이 느껴져요. 모두 여주에서 난 여인을 만나 영주로 청평으로 떠돌다가 다시 여주로 모여들곤 해요. 죄 없는 방파제 앞에서 화풀이하는 파도처럼 멀리 달아났다가 홧김에 다시 돌아와요. 해마다 조금씩 늙어가는 어머니가 거기 살고 계시기 때문이죠.

이름짓기를 해보아도 다시 여주, 여주에서 강남까지, 돌아서 여주, 마침내 여주, 이 정도에서 벗어나지 못해요.

햇살은 그대 얼굴을 따스하게 비추고

모두 멀리 밀려갔어도 현무암 벼랑을 때리다가 미끄러지는 파도를 닮았어요. 파도의 앙탈. 절반은 맞고 절반은 삼켜요. 성미죠. 엄마 피를 어쩌겠어요?

세월의 반점도, 가슴에 난 구멍도, 단단한 생명력도 다 엄마를 닮아 지독해요. 미성, 미선, 민자, 정기는 간순희 씨의 자식들이지만 앞으로 더 멀리 떠날지도 몰라요. 누가 알겠어요? 현무암이 파도를 삼켜 섬을 낳고 섬은 그리움을 삼켜 육지를 낳고 육지는 또다시 파도를 만나 처음처럼 여주에서 사랑을 시작할지?

세월의 다림질에 펴지지 않는 건 그리움뿐만이 아니에요. 우리 곁을 떠나간 것들을 보세요. 굶주림도 추위도 우윳빛 살갗도 사라졌지만 '소라'처럼 한참 지켜봐야 생존을 확인할 수 있는 것들이 있어요. 눈만 뜨면 사방에 낭만이 즐비해요.

'소라 있어요.', '소라 소리', '소라네 집'… 간판들이 여기저기 붙어있어요. 눈을 감고 파도 소리 너머 수평선을 향해 서 보세요. 이제 어디로 갈까요? 섬이 할 말이 있다네요. 그 섬은 파도의 성미를 알까요?

햇살은 그대 얼굴을 따스하게 비추고

팽이의 온도 39°C (60초 소설)

활주로에 내린 지구별 여행자

내가 세상의 중심이었어요. 귀한 장녀를 기다리던 사람들은 탄성을 질렀죠. 복덩이가 태어났다. 우리 집안의 등불이 켜졌다. 아니, 틀림없이 세상의 빛이 될 것이다. 그렇게 빛으로 살았어요. 영민하고 귀엽고 발랄한 말괄량이 삐삐와 빨강 머리 앤의 좋은 점만 섞어놓은 것 같았던 나는 주세화예요. 세상의 부러움을 너무 샀나 봐요. 그리고 내리막길이었죠. 내 능력의 한계를 시험하기 위해 도전했던 일들 모두 뜻대로 되지 않았어요. 그렇게 한 번, 두 번 실패와 좌절을 맛보며 나는 심드렁해졌어요. 하늘을 날던 삐삐의 빗자루도 부러지고 언제나 '나'의 파수꾼이었던 앤도 지쳐갔어요. 휘청이던 발걸음을 잡아준 남편, 나를 꼭 빼닮아 삐삐 같은 아이들 속에서 비로소 내가 보였어요. 그리고 알았죠. 내가 행복하지 않다는 것을…. 하지

햇살은 그대 얼굴을 따스하게 비추고

만 그건 내 욕심이자 교만이었어요. 주님을 부둥켜안고 겨우 숨 쉬며 살아가고 있어요. 숨을 쉬고 싶어요. 더 이상 추락도 없을 것 같아요. '언젠가는 지상에 부딪혀 모든 게 끝나버리겠구나!'라며 잠자리에 들어요.

"비행기가 활주로에 안착했습니다. 모두 내리세요." 나는 내 귀를 의심했어요. 활주로에 당도하면 평생 꿈꾸던 행복과 평온이 오리라는 기대가 불쑥 솟았지만 나는 밖을 내다볼 수 없어요. 두려움 때문이죠. 폭풍 같은 타인의 눈길이 느껴져요. "주세화 님! 세상에서 가장 아름다운 동방의 지구별 여행지에 무사히 도착하신 것을 환영합니다. 지금부터 남은 여행은 자유여행입니다. 즐거운 여행을 위해 짐을 간소하게 하시고 여행과 상관없는 걱정은 모두 비우시길 바랍니다."

나는 창문을 열어 밖을 내다본다. 4월의 연둣빛 초록이 눈부신 땅. 동방의 아름다운 지구별. 신께서 나를 이 지구별로 초대한 이유를 그제야 알 것 같아요. '삐삐의 마법과 빨강 머리 앤의 호기심'. 내가 여행자로 선택된 이유였어요. 나는 지구별 여행자 '주세화'예요.

_ 2023. 4. 12. 망캄 교촌에서 주세화 님

햇살은 그대 얼굴을 따스하게 비추고

팽이의 온도 40°C (60초 소설)

형심 씨의 노란 장화

개나리가 피는 3월이면 형심 씨는 시무룩해진다. 개나리 노란 꽃잎들이 장화를 닮았기 때문이다. 노랑이 거기서 그치면 그녀는 웃으며 4월을 맞이할 것이다. 개나리 뒤를 따라 노란 골담초, 민들레, 송화로 노랑 행렬이 이어진다. 3월이 끝나갈 무렵 노랑이 은근히 밴 연둣빛 수목이 가녀린 새순을 내밀면 그녀는 참았던 눈물을 울컥 쏟고 만다.

노랑에 초록이 짙어지면 눈부신 4월이 완성된다. 눈부신 연둣빛이 온 산에 파도치면 늙을 리가, 늙을 수도 없는 동안의 형심 씨는 부쩍 나이 들어 보이고 심통이 난다. 송화가 산을 온통 헤집고 지나가면 바야흐로 붉은 5월이 천

햇살은 그대 얼굴을 따스하게 비추고

천히 걸어온다. 진달래가 앞장서고 홍매화, 철쭉이 앞서거니 뒤서거니 뜨락에 당도하면 형심 씨는 겨우 이마를 쓸어올리며 마루에 걸터앉는다. 마침내 큰 숨을 내쉬고 웃음을 띠고 생기를 되찾는다. 형심 씨의 한 해가 시작되는 것이다.

5월의 들판을 지나 봄여름이 지나가고 누런 황금빛 들판이 펼쳐지면 동생의 노랑 장화가 다시 그리워진다. 노랑 장화는 형심 씨를 수십 년 동안 놓아주지 않는다. 그래서 오늘 그녀는 결심했다. 노랑 장화를 신고 살기로…. 노랑 장화와 함께 살아가기로 마음먹은 것이다. 개나리, 골담초, 송홧가루, 노랑의 파도와 상관없이 그저 봄 이슬처럼 5월의 장미처럼 웃으며 살기로 했다. 지금까지 형심 씨를 잡은 것은 동생의 장화가 아닌 그녀의 노란 마음이었다. 밥상을 꽃처럼 차리는 그녀의 마음은 상상할 수 없다. 밥상이 꽃밭이라니…. 그 한 끼 밥과 하루의 시작이 얼마나 간절하고 애틋한지…. 그리고 어떻게 견뎌냈는지.

그녀의 레시피 안에 노랑 마음이 들어있다는 것은 그녀밖에 알 수 없다. 아이들이 쑥쑥 커갈수록 그 아이들 속에

햇살은 그대 얼굴을 따스하게 비추고

들어있는 노랑 때문에 형심 씨의 계절은 늦게 시작되었지만 이제 형심 씨의 사계절은 늘 설렘으로 출렁인다.

_ 2023. 4. 17. 나로도에서 정형심 님

햇살은 그대 얼굴을 따스하게 비추고

팽이의 온도 41°C (60초 소설)

반딧불이 불꽃

'라이터 돌'이라는 게 있었어요. 작지만 불꽃이 튀어 산더미 만한 집 동가리도 다 태워버리는 '불꽃이 튀는 라이터 돌'. 라이터 돌이 부딪힐 때마다 당신의 작은 몸은 전신을 움찔거려야 했어요. 한세월이 갔지만 당신의 불꽃은 여전하죠. 아직 찬 바람이 부는 축축한 봄 들판 곳곳에 서식하는 들쥐, 애벌레, 곤충, 온통 굼실거리는 것들, 세상에 이롭지 않은 것을 한꺼번에 태워버리죠. 아, 참! 거기에는 음습한 인간도 포함되어 있군요.

당신이 들불을 타고 달려오고 있어요. 당신은 평생 봄을 지나쳐 왔어요. 바람이 부는 시간, 꽃이 피는 시간, 얼음이 녹는 시간, 개구리가 기지개를 켜는 시간…. 시간이

햇살은 그대 얼굴을 따스하게 비추고

없었던 것도 아닌데 당신은 질주했죠. 하지만 잠시만요. 당신은 그만하면 됐으니 잠시 그 불꽃을 내려놓으셔도 되겠어요. 이 봄에 태워버릴 것들이 당신 눈에 띄지 않기로 했다는 소식입니다. 저대로 조용히 잠들어 지하로 스며들어 아름다운 두엄이 될 작정이랍니다. 봄 새싹이 다디단 수액을 빨아 먹을 수 있게 땅속 깊이 잠적했답니다. 아지랑이 피는 들판 한가운데로 당신의 아버지와 가족이 봄을 데려오네요. 모두 손에 꽃을 들고 당신의 불꽃을 맞이하려고 하네요. 고단하고 가느다란 당신의 손 위에서 불꽃이 여전히 타고 있을 줄 꿈이나 꾸었겠나요? 가장 늦었다고 당신이 생각하는 순간들이 어리석은 사람들에게는 가장 빠른 순간이었다는 것. 그걸 이 봄에 봅니다.

야윈 당신의 볼이 쏙 들어간 광대뼈와 초롱초롱한 눈빛 속에 우주가 들어있어요. 파종하는 당신은 매년 말했죠. "노동하지 말고 이번 씨앗은 대충 뿌려야지." 하지만 당신의 씨앗은 불꽃처럼 활활 살아났죠.

로메인, 상추, 쑥갓, 아욱, 고수, 청상추, 근대 등이 소담하게 자라고 있는 거예요. 저 애들은 알 거예요. 당신의 불꽃, 라이터 돌의 고뇌와 당신의 손발. 인연보다 강한 운

햇살은 그대 얼굴을 따스하게 비추고

명, 운명보다 따듯한 신의 사랑으로 이루어진 작은 '만남'이 당신 주변에 있어요. 당신은 봄꽃이네요. 봄에는 당신의 불꽃을 내려놓고 들판으로 산으로 들로 그렇게 온종일 걸어도 좋아요. 잠시 후 쥐불놀이가 시작될 거예요. 화산처럼 쥐불이 들판을 가르며 활활 타오를 거예요. 당신의 고단한 불꽃이 반딧불이 될 때까지 나는 지켜볼 거예요. 살아있는 불꽃, 반딧불이는 노란 연둣빛이에요. 밤새 바라봐도 따듯하죠. 당신의 불꽃은 매우 꼿꼿했어요. 굼실굼실 움직이는 것들은 지금 모두 재가 되었어요. 그러니 이 봄 들판을 천천히 걸어가세요.

_ 2023. 3. 25. 나가사키 여행 중 정문성 님

팽이의 온도 42°C (60초 소설)

경구네 식당

"이건 서비스요!"

경구 씨가 숙성 돼지고기 한 덩이를 털썩 던져놓고 주방으로 들어간다. '경구네 식당'은 문전성시다. 손님은 고기 때문에 줄서는 게 아니다. 경구 씨의 육수 때문이다. 고기가 구워질 때쯤 나오는 '경구 표 육수'가 들어간 국물은 묵은지, 돼지 살코기, 목이버섯이 들어간 짬뽕 국물과 닮았다. 사람들은 경구 씨의 국물을 '전설의 국물'이라고 부른다. 국물이 끝내주는 전설의 짬뽕집에서 경구 씨가 영감을 받아 개발한 것이다. 김치 된장, 순두부 두루치기 할 것 없이 경구 씨의 모든 요리에 필수적으로 들어가는 경구 표 육수는 사람의 영혼을 흔든다. 시원한 첫맛, 속을 온통 훑어내리며 덧난 속까지 가라앉히며 묵직하게 퍼지

햇살은 그대 얼굴을 따스하게 비추고

는 목 넘김, 그리고 아련한 끝맛….

경구네 식당에서 국물을 남기는 사람은 없다. 국물 속에는 경구 씨의 비법이 들어있다. 경구 씨가 술을 마실 때 붕붕 떠다니는 상념들…. 풍운아였던 아버지와 자식을 포기하지 않은 어머니와 가족이라는 정든 지옥들. 경구 씨의 구멍 난 가슴속으로 세월이 훌쩍 지나갔지만 이제는 '100세 시대'다.

식당 앞에 줄 선 사람 중 마지막 사람에게 '숙성 고기 한 점'을 "이건 서비스!"라고 말하고 나오며 경구 씨가 끊었던 담배 한 대를 피워 문다. 담배를 피운 경구 씨가 입 가심하고 죽염을 입에 털어 넣는다. 집에서 기다리는 두 딸이 담배 냄새를 싫어하기 때문이다. 천사 같은 경구 씨의 아내가 가위질을 하며 활짝 웃는다.

_ 2023. 3. 2. 개구쟁이 윤경구 님

햇살은 그대 얼굴을 따스하게 비추고

팽이의 온도 43°C (60초 소설)

흑산도 성호

'형님! 봄기운입니다.' 그는 동생의 편지 한 구절을 읽더니 뜨락을 나선다. 아우의 편지에서는 늘 묵향이 난다. 바다가 보이는 쪽으로 밀물과 썰물이 요동친다. 능수버들, 수양버들, 개오지….

아우야! 허리가 아프다. 홍어를 먹어야겠다. 홍어 애가 끓는 냄새, 뜨거운 목 넘김, 혀끝의 감촉, 입천장을 한 꺼풀 벗겨내는 거칢도, 어리석은 제왕도 세월 앞에서는 차라리 그리움이다. 눈 떠보니 수백 년이 훌쩍 지난 21세기. 눈 아프고 귀 시린 세상이다. 둥근 안경을 쓴 다산 어성호가 저기 바다가 보이는 초가에 우두커니 앉아있다. 어성호는 '21세기 다산'이다. 시대를 거슬러 시절을 등지고 글

햇살은 그대 얼굴을 따스하게 비추고

을 쓰며 산책하는 선비다. '어성호는 나의 긍지다.'

흑산도 귀향지에는 아우 약전의 흔적들로 가득하다. "형님! 그간 어찌 지내셨는지요? 잠자리는? 흑산 바닷바람이 찬데…." 행간을 읽다가 말고 성호는 맨발로 모래사장을 향해 걷는다. "어이, 성호! 시간 되시나?" 흑산도 정자에서 성호와 홍탁을 마주했다. 거센 바닷바람에 봄기운이 물씬하다.

여기는 귀향지 흑산도. 휘영청 달이 뜬다. 달 속에 문장 하나가 찰랑찰랑 흔들린다.

'鵬程萬里'

_ 2023. 2. 17. 사랑방에서 어성호 님

팽이의 온도 44°C (60초 소설)

장미꽃 하니

가시에 찔려 몇 날 며칠 몸져 누워 있었다. 계절도 잊고 허기도 잊고 아리한 통증만 가슴 한가운데 고압 전류처럼 지나갔다. 아이들의 분노와 일탈의 근원지에 부모가 아니, 못난 어미가 있었다는 걸 받아들이기까지 20여 년이 걸렸다. 눈떠보니 가슴 한가운데 두 개의 연이 날고 있었다. 내 통증의 진원지. 내내 저 두 개의 연을 쫓아오는 동안 발은 가시덤불로 개울로 눈 쌓인 들판으로 내달렸다.

장미가 피는 5월!
나는 가시 꽃. 열매를 맺지 않는다. 혹여 누가 나를 알아볼까 봐, 내 발의 상처의 피고름을 눈치챌까 봐 숨죽이며 살아왔다. 피멍 든 두 눈으로는 두 개의 연 꼬리를 바라보

햇살은 그대 얼굴을 따스하게 비추고

며 소원은 속으로 되뇌었다. '아프거나 죽지만 말고 너희 대로 살아주렴.' 그렇게 가슴은 늘 욱신거렸다.

장미의 화원을 떠난 새가 짝을 만났다. '잘 살아줘 고맙구나.' 네가 만난 짝이 보낸 편지는 이렇게 시작했고 나는 두 번째 줄을 읽지 못하고 하염없이 울었다. '사랑하는 어머니! 좋은 인연 감사합니다.'

이젠 객사해도 지금 죽어도 여한이 없다. 네 결혼식. 세상의 중심에 우뚝 선 네게 면목이 없어 더 낮춰 죽기 살기로 살아냈다. 내 생이 들풀처럼 보잘것없다가도 해처럼 화사하게 생기를 띠면 흑장미의 눈빛이 된다. 검은 꽃은 내 고뇌의 열매다. 견딤의 대가이고 엄마라는 자부심이다. 오래오래 필 것이다. 깊이 뿌리 내려 화원의 거름이 될 것이다. 빨갛고 노랗고 새하얀 백장미, 연분홍 장미가 만발한 정원이 되어 너희를 맞이하리니. 삶이 지치고 힘들거든 들러 쉬어가거라.

_ 2023. 9. 6. 하니 님

4장

여름, 지혜
(6~8월)

팽이의 온도 45°C (파우 스타 통신)

독서팀 '파우 스타'

1독 5월 1일 ~ 6월 4일 5명
1부 5월 14일, 2부 6월 4일
2023년 5월 15일, 팀 구성
2023년 9월 23일, 완독자 여백 앞에서 첫 회합(?)

게으른 야생 고양이가 크게 하품하고 나서 허기가 졌는지 대가리를 조아린다. 대숲에서 쥐의 기미를 느꼈기 때문이다. 대숲은 죽순이 한창이다. 비 내린 늦은 5월 저물녘. 전영애 시인을 만난 후 나는 고양이처럼 『파우스트』를 읽기 시작했다. 허기가 지면 쥐를 잡아먹거나(요즘은 싱싱한 쥐를 찾아보기 어렵다) 분리수거장 근처를 서성거리며. 정녕, 정령의 시대에.

1831년 괴테의 나이 82세에 완성했으니 탈고가 200여 년 된 책이다. 들어본 적은 있지만 읽어본 적이 없는, 손

햇살은 그대 얼굴을 따스하게 비추고

절매한 자들에게는 어쩌면 언급조차 할 수 없는 『파우스트』. 『파우스트』의 숲은 거칠고 험난하다. 대숲은 사람이 접근하기 힘들 만큼 흡혈 모기가 활개 친다. 생쥐 겨우 몇 마리 잡아먹고 대숲에서 빠져나왔다. 다시 도심으로 돌아갈까 생각했다.

영혼을 흔드는 향료 냄새가 침샘을 자극한다. 분리수거함 근처. 옷과 생선 냄새, 아늑한 잠자리가 그립다. 하지만 완주를 제안하고 날짜를 독촉한 건 다름 아닌 낭만고양이 '나 자신'이었다. 이젠 돌아갈 수 없다. 보유한 책을 완독한 후 전영애 시인의, 30년 내공의 번역본을 비교하며 읽고 싶었다. 오늘(2023년 6월 4일) 1독을 마쳤다. 정령의 시대, 먹방의 시대, 불빛의 시대, 망령의 시대는 괴테 사후 200여 년이 지난 현재의 우리다.

『파우스트』는 수많은 무대 위에서 사람들의 영혼을 흔들고 있다. 그러나 뿌리뽑히지 않는 흔들림의 이유는 무엇일까? 고양이는 결심한 듯 도심을 등지고 계곡과 능선, 평야 지대와 야생동물의 습지, 정욕과 욕망의 범람지대, 악마의 유혹지대 한가운데를 지나왔다. 남은 흔적은 가시덤불에 찔린 온몸의 상처와 어깨 위에 묻어온 장미꽃즙,

햇살은 그대 얼굴을 따스하게 비추고

막혀버린 퇴로뿐이다.『파우스트』는 순간을 향해 말한다. '멈춰라! 너 정말 아름답구나!' 저기 결핍, 죄악, 근심, 곤궁 네 명의 회색 여인이 걸어온다. 그중 '근심의 여인'은 『파우스트』를 눈멀게 했다. "온갖 쾌락의 머리채를 붙잡았지만 흡족하지 않은 것은 놓아버리고 빠져나가는 것은 내버려 두었다. 나는 오직 갈망하며 그것을 성취하였다."

『파우스트』는 독서의 분기점이 될 것이다. 장소, 시간, 인간을 특정하지 않는 것. 영혼의 굵기를 가늠하고 고통과 욕망, 갈망과 방황을 시의 운율로 짓는 것. 끊임없이 질문하는 것. 조선에 생존하는『파우스트』의 독서 동지가 살아있다는 것. 모두 도심을 등지고 먹이 그릇을 뒤집어 엎으며 질주한 고양이를 닮았기 때문이다.

독서는 그 수맥을 만나는 지점에서의 연대…. 그 연대를 기점으로 나아갈 것이다. 먹이를 던져주는 인간의 손길과 숲의 정령의 경계 지점에서 촉수 하나가 가늘게 떨고 있다. '파우 스타(『파우스트』독서팀의 애칭)'의 행보가 '궁금'하지만 '근심'하진 않는다. 모두 나름의 지향점이 있다는 것을 알았기 때문이다.

햇살은 그대 얼굴을 따스하게 비추고

팽이의 온도 46°C

오늘

사람이 죽었다. 내 잘못은 아니다. 고인의 행보를 짚어 보다가 그 끝에 안개비가 내리고 사랑하는 딸과 아버지, 그리고 한마디 말도 없는 정적 속에 아비규환의 웅덩이가 보인다. 내 집 언저리 웅덩이에는 맹꽁이가 번식하고 고라니가 괴성을 지르며 질주하고 청개구리 군단이 오순도순 노래하고 있다. 비 온 뒤의 산자락 웅덩이는 번성하고 있다. 각자 자신의 과업에 충실하느라 분주해 바쁘디 바쁘다. 자연은 천년만년이 지나도 변함없이 푸르고 풍성하건만 청초한 생명은 왜 죽어가는가?

이 땅에는 학자도 노숙인도 시인도 소설가도 영화도 스승도 제자도 폐휴지 손수레를 끄는 아버지도 보이지 않는다. 저편 신도시에는 술자리와 맛집과 새마을운동과 휘황

햇살은 그대 얼굴을 따스하게 비추고

찬란한 불빛만 대낮처럼 눈이 시리도록 비춘다. 내 눈은 둘 곳이 없어 야윈 뺨을 어루만지며 잠을 뒤척인다.

빼앗긴 조국과 전쟁의 뒷골목에서 한 잔 술을 마시고 버지니아 울프의 생애와 목마를 타고 떠난 숙녀의 옷자락을 이야기하던 시인도 죽었다. 내 잘못은 아니다. 그저 잡지의 표지처럼 통속한 이 땅에서 눈 둘 곳을 찾아 기웃거리는 것 외에는 하릴없다.

나는 지금 오늘 여기서 막연한 희망을 얘기할 수 없다. 슬픈 자화상은 땅이 꺼져가는 아버지와 딸 앞에서 겨우 침묵 한소끔 쥐고 호흡하고 있다. 오늘 사람이 죽었다. 그건 모두 내 잘못이다. 이 시절을 두 눈 부릅 뜨고 지켜본다. 책장 한 장을 겨우 넘긴다. 지향이 있는 한 모든 인간은 방황한다. 욕망, 인간이라는 자들의 탐욕과 이기심을 더 이상 얘기하지 않기로 한다.

오늘 웅덩이는 축제를 벌이며 한껏 들떠있다. 저 올챙이와 물방개와 엿장수와 수련과 못과 장마를 고즈넉이 바라볼 뿐. 나는 오늘 사슴벌레의 분투를 한참 바라보다가 눈을 감았다. 하얀 밤, 눈을 뜰 수가 없다.

햇살은 그대 얼굴을 따스하게 비추고

팽이의 온도 47°C

구름이 어깨를 감싸 안았다

비가 어깨를 툭 치고 지나갔다. 나는 휙 돌아보며 쨰려보았다. 할 말이 있었다. 이내 폭풍의 기세로 묵직한 스트레이트가 한없이 날아왔다. 눈물을 흘릴 새도, 쨰려보던 눈을 거둘 시간도 없는 가격이었다. 가늘게 카운트 소리가 들린다. 파이브, 포, 쓰리…. 핏물을 탁 뱉으며 퉁퉁 부은 눈을 들어 비의 눈을 보았다. 깊고 푸른 눈.

점봉산. 산 가슴을 지나는 구름 너머에 빼곡한 자작나무 숲. 이젠 비가 태풍을 몰고 와도 상관없다. 자작나무와 시인이 있으니. 비의 근심은 질주하는 사람과 성난 태풍이었다. 산은 그들에게 몇 번이나 말을 걸어보았다. 좀 쉬어가라고. 내 눈을 보라고…. 고집 센 사람과 힘센 태풍은

햇살은 그대 얼굴을 따스하게 비추고

귀 기울이지 않았다. 막무가내 질주하고 버티고 살았다. 비를 머금은 엄마 구름은 철부지 아이를 달래듯 보슬비로 장대비로 둘을 얼러보았다. 하지만 인간과 태풍은 견고하고 빠르고 영민했다. 그래서일까? 신은 그 대비책으로 세상에 시인과 자작나무 숲을 준비했다.

강원도 아홉 싸리 고갯마루에 신선 막걸리와 감자전 파는 집에 꽁지머리 김인태 씨가 산다. 87세의 청년은 '경기도 평택 출생, 의류업 운영, 연대보증, 탈주'의 삶을 살았다. 그 탈주의 끝은 야반도주였다. IMF 때 회사 부도로 야반도주하던 날, 인태 씨는 잠든 아내를 깨워 말했다. "이 돈을 받고 나를 버리게. 이제부터 나를 잊고 애들 잘 부탁하네. 고맙고 미안하네!" 김인태 씨가 가족과 함께한 마지막 시간이었다.

아홉 싸리 고개. 자작나무 군락지 앞에 사람과 태풍이 서 있다. 비가 앞으로 '쏴아' 막아서며 말한다. "거기 멈춰! 도망칠 생각 말고 내 눈을 봐!" 산이 두 팔을 벌려 도망치던 나와 화난 태풍의 어깨를 안아준다. 산의 품은 따듯하다. 산은 눈을 가늘게 뜨고 구름을 보며 말한다. "애들 잠 깨지 않게 비 거둬가라. 사람도 태풍도 모두 욕망

햇살은 그대 얼굴을 따스하게 비추고

탓이다. 구름은 오늘 하루는 점봉산에서 쉬고 점심은 곰배령 들꽃 덤불에 차려라." 오랜 도주 끝에 안긴 산의 품은 죽음만큼 평온하다. 구름이 어깨를 감싼 팔에 '꾸욱' 힘을 준다.

햇살은 그대 얼굴을 따스하게 비추고

팽이의 온도 48°C

겨자씨가 자라

겨자씨가 자라 아름드리 나무가 된다. 그래서 겨자씨들은 난다. 겨자씨의 씨 톨을 보라. 자세히 보면 날개가 있다. 날고 보는 거지. 먼지처럼 나비처럼 나방처럼 허공을 나는 거지. 얇고 투명한 날개의 속옷. 나풀거림. 속치마의 나풀거림. 회양목 사이에 뿌리를 내리고 잎을 숨기고…. 아무도 눈치채지 못하는 곳. 회양목 틈새. 나는 오늘 겨자씨와 눈을 마주쳤다. 똑똑히 보았다. 겨자씨의 부활을. 살아서 분투하는 모습을…. 말없이 진중하고 눈빛은 살아있는 겨자의 눈은 거룩한 예술작품이다. 성황당 돌무덤 앞에서 인간의 인기척이 들린다. 한 번쯤은 인정받고 싶은 인간. 보편적 인간의 9할….

햇살은 그대 얼굴을 따스하게 비추고

노을은 붉고 밤은 깊고 신록은 푸르고 개구리 우는 6월 끝자락. 겨자씨는 죽음을 불사한 채 의연하다. 야생동물을 넘어 인간을 뛰어넘은 지점. 삶이 분주해도 한 번쯤 회양목 화단을 들여다보면 거기 곳곳에 뿌리내린 느티나무가 살고 있다. 누가 아는가? 느티나무가 천 년을 사는지. 그저 위대한 몸짓만 고개를 숙이고 저만의 생을 지향하고 있음을. 겨자씨는 방황하지만 그 방황은 전혀 헛되지 않다는 것. 교만한 사람이여, 경배하라! 회양목 화단을.

햇살은 그대 얼굴을 따스하게 비추고

팽이의 온도 49°C

안녕, 노루

부제 '은채와 고라니'.
민들레꽃 무늬의 머리핀이 은채의 머리를 가르고 은채는 보도블록 바닥에 입술을 부딪쳤다. 고라니가 현관 앞을 기웃거리다가 정문 쪽으로 걸어갔다. 고라니는 그 자리에서 자신의 두 배 높이를 뛰어오를 만큼 점프력이 뛰어나다. 그렇게 '갈 지' 자로 뛰어 화단 쪽 상추가 심긴 나무 화분 두 개를 뛰어 넘었다. 문득 생각난 게 야생동물 보호센터였다.

"네, 우리는 직접 포획하진 않고요. 포획하시는 분이 상대원 쪽에 계시는데 40분쯤 걸릴 거예요." 고라니는 보이지 않았다. 흰 꽃이 피는 무궁화 나무 울타리, 대나무 숲,

햇살은 그대 얼굴을 따스하게 비추고

오광나무 덩굴과 웃자란 앵두나무 정원 몇 바퀴를 돌아봐도 고라니는 보이지 않았다. 고라니는 아이들 입을 통해 자신의 위치를 전해왔다.

"필로티 옆을 뛰어가던데요."
"축구 골대 뒤에서 봤어요."
"대숲 아래서 후다닥 뛰어갔어요."
"어? 후문 쪽에 엎드려 있던데요."

등굣길에 소문을 들은 아이들이 하나둘 고라니 소식을 전해왔지만 고라니는 보이지 않았다. 화단에 물을 주기 위해 수도꼭지를 트는 순간 무지갯빛 물보라 너머로 고라니가 튀어 올랐다. '갈 지' 자로 뛰어가는 고라니의 뒷모습과 까만 코와 불안한 눈빛에서 나는 고라니의 두려움을 느낄 수 있었다.

"어디쯤이세요?"
"네, 지금 팀이 출발해 이동 중이실 거예요."

물을 뒤집어쓴 고라니는 담장을 타고 달렸다. 고라니는 후문 쪽에 다다라 후문 밖으로 뛰었다. 막막했다. 어디

햇살은 그대 얼굴을 따스하게 비추고

로 몰아야 하나? 교정을 둘러싼 매시 펜스를 따라 '좋은 집' 족발집, 나이스 카센터, 친절한 문구점, 아파트 관리 사무소, 조은 부동산 등이 즐비했고 담장 안쪽에는 시든 붉은 장미가 고개를 숙인 채 피어있었다. 붉은 장미 넝쿨 아래 떨어진 꽃잎을 즈려 밟으며 고라니는 정문 쪽으로 달렸다.

1학년 꼬맹이 한 무리가 등교하고 있다. 고라니는 무리로 뛰어올랐다. 사람 숲 한가운데 은채가 있었다. 머릿속에 장미 꽃잎을 가득 담은 고라니는 한껏 뛰어올랐다. 은채는 머리에 민들레꽃 핀을 꽂고 쥐색 가방을 맨 채 고개를 숙여 고라니를 피했다. 고라니의 뒷다리가 은채의 핀을 쳤고 은채는 입술을 보도블록에 박고 말았다. 입술이 퉁퉁 부은 은채가 보건실에서 울고 있었다. 머리에서 흐른 피가 옷깃에 묻었고 머리에는 붕대를 감은 채 울고 있었다.

'엄마가 얼마나 놀랄까?' 정문 앞에서 학생들을 맞이하던 교장 선생님의 걱정이 한시름이다. '예민한 부모님을 만나면 어쩌나? 정문 밖이니 다행인 건가? 요즘 잠잠했는데 이런 일이 생기네….' "고라니가 동물원에 갇혔으면

햇살은 그대 얼굴을 따스하게 비추고

좋겠다." 은채는 눈물을 그치며 말했다. 엄마가 도착했다. "우리 은채가 얼마나 예쁘면 고라니가 덤볐을까? 다들 걱정 많이 하셨죠?" 고라니는 도심 한복판으로 사라졌다. "출동 멈출게요. 또 신고가 들어오면 그때 출동할게요. 우리는 추적하진 않아요."

어디로 갔을까? 어떻게 여기까지 왔을까? 도시가 궁금했을까? 아니면 설마 나를 보러 왔나? 6년 전 그 애가 노루가 아니라 고라니였나? 내 소식이 궁금했을까? 능선에서 바라보던 나를 보았을까? 내 걱정을 느꼈을까? 잘 가거라. 그리고 잘 살아라.

부디 힘내라. 사람 사는 이 도심도 그런대로 살 만하다. 은채는 괜찮다. 가끔 내가 네 얘기를 건네며 이 도심을 살아가게 할 거다. 안녕, 노루야. 너는 노루야.

햇살은 그대 얼굴을 따스하게 비추고

팽이의 온도 50°C

낭만에 대하여

스콜에 뒤통수 맞은 여름이 한풀 꺾여 겁을 먹었다. 매미의 시무룩한 울음소리. 새벽 풀벌레 소리 높은 하늘의 뭉게구름…. 매미가 도로에 툭툭 떨어져 뒹군다. 누운 채 날갯짓해본다. 새벽이슬에 젖은 날개가 아스팔트로 푸드덕푸드덕 구르며 날아간다. 한껏 움츠린 여름의 뺨이 새벽바람에 얼얼하다.

"야, 나와!"
"누… 누구?"
"몰라서 묻냐? 한 대 더 맞을래?"

햇살은 그대 얼굴을 따스하게 비추고

여름은 땀을 뻘뻘 흘리며 저녁으로 걸어가고 있다. 매년 입추를 지나 말복 즈음 가을이 서성거리면 욱신거린다. 이곳저곳 둘러봐도 딱히 다친 데는 없는데…. 둘 중 하나겠지. 너무 나댔거나 너무 늙어졌거나.

"마음부터 손보자."
주변머리 없는 처서가 태연히 말한다. 어찌 저토록 뻔뻔하고 여유로울까? 여름은 문득 마음이 아프다. 강원도로 넘어가는 삿갓봉 휴게소에 수북이 쌓여있던 매미의 환영…. 그해 장마가 왔던가? 유난히 비가 인색했던 여름은 막바지에 번갯불 같은 따귀를 맞고 민망하다. 가을은 나랑 달라. 하는 것 없이 주목받고 낭만적이야. 아니, 예술적인가? 예술이 밥 먹여주냐? 윽박질러봐도 소용없다.

들판, 산등성이, 새벽이슬, 풀벌레 그리고 목에 닿으면 숨통을 끊어 놓을 듯한 갈대…. 열심히 살았는데 늘 주눅이 든다. 가을의 노크 소리를 들으면 "야, 뭐해? 사색은 너한테 안 어울려. 퇴장할 준비나 해!"라고 소리친다.

"시간이 얼마나 흘러야 저놈의 낭만과 예술적 품새를 따라 잡을까? 설마 다 틀린 건 아니겠지? 모두 저렇게 열

햇살은 그대 얼굴을 따스하게 비추고

심히 살았잖아? 저 아주까리 잎새와 해바라기 보리순 좀 봐. 열심히 산 게 죄는 아니잖아?"
"그게 죄야. 그러니까 문 열고 나가."

가을이 조용히 속삭인다. 후드득 우지끈 도로에 자동차가 매미를 쓸고 지나가는 소리. 아직 짝을 찾지 못한 매미가 죽어라 날아가다가 차가 질주하는 도로 한가운데 떨어진다.

7년을 기다렸는데 이번 생에는 틀렸다. 매미도 환생할까? 나무껍질 같은 매미의 시신. 그래서 그런지 매미의 죽음은 견고하다. 피 한 방울 흘리지 않는 죽음. 참새도 쓰르라미도 개미도 여름을 모두 관통했다. 여름아! 어쩌면 좋으냐? 내가 너를 계속 걱정해도 되겠냐?

햇살은 그대 얼굴을 따스하게 비추고

팽이의 온도 51°C

토란잎에 장맛비

사는 게 토란잎에 떨어지는 물방울 같아요. 좀처럼 착상이 안 되거든요. 내가 착상되어 이렇게 살아간다는 게 기적이에요. 친구는 허락 없이 훅 헤집어 재미없고요. 타인은 늘 토란잎 같아 물방울이 고일 만하면 한꺼번에 쏟아버리거든요. 허투루 믿었던 죗값이겠지. 사람은 믿지 않기로, 사랑도 믿지 않기로 수없이 말했지만 그 믿음이 늘 도끼로 회귀해요. 여태 사람한테 흔들려요. 여름 초입이어서 그런가 봐요. 이맘때는 늘 빗장뼈가 움푹한 사람들이 거리로 나와요. 그 움푹 팬 뼈를 보면 금세 토란잎이 떠오르죠. 저도 뼈 사이에 담아놨다가 한꺼번에 쏟아버리겠지.

햇살은 그대 얼굴을 따스하게 비추고

『5년 후 내가 나에게』 공저를 완성했죠. 2028년 병오년의 내가 말해요.

"어때? 이대로 괜찮겠어?"

"그러게. 좋아 보이네. 너는 어떻게 거기까지 갔어?"

"쇄골 있잖아? 그걸 토란잎으로 덮어. 그럼 물이 고이잖아. 그걸 쏟아내 봐. 탈탈 털어내 봐. 그게 여기까지 사는 비결이야."

"역시 그랬군."

"착상은 욕망에서 시작돼. 욕망이 기적을 낳는 이유지. 그래서 늘 기적이 일어나는 거야. 욕망이니까."

"사람이 마지막에 만들어진 이유가 있어. 누려도 좋지만 '염치'가 있으라는 말이거든. 살아 보니 그게 제일 난제야. 그걸 토란잎에서 본 거야. 골프공이 드라이버에 뒤통수를 정통으로 맞은 기분이지."

"아, 씨! 내가 어디로 갈지 알면 좋겠는데 맞는 순간 결정되었다는 게 짜증나."

그걸 토란잎이 알려줄 줄은 언감생심이었어. 사람에게는 쇄골이 있고 쇄골에는 물이 고이고 그 물을 토란잎이 쏟아낸다는 걸 50년 만에 알았어. 산다는 건 토란잎에 떨어진 물방울처럼 쉽고 간단한 거야. 쏟아진다는 건 염치를 알아야 한다는 거. 시련을 견디고 나면 비로소 나를 사랑할 수 있다는 거. 하물며 무엇이든 수용할 수 있다는 거. 그 대상이 '나'라는 거. 장마 소식이야. 수많은 물방울이 토란잎을 때리겠지. 토란, 장대비, 물방울, 그리고 상처. 그래서 살 수 있었던 거야. 노여배우가 증명했잖아?
"살아봐~. 인생 정말 살 만해. 이거 진짜야."

햇살은 그대 얼굴을 따스하게 비추고

팽이의 온도 52°C

맹꽁이가 살아요

    15층 창을 열어요. 통창으로 확장했거든요. 소피는 닫고 나는 열고 또 닫고 또 열다가 소피가 지쳤나 봐요. 소피가 물어요. '왜'냐고. "청개구리 합창 속에 맹꽁이가 반주를 넣잖아." 30년 만에 맹꽁이를 만났거든요. 문득 그 시절이 떠올라요. 못자리를 마치고 우렁이를 잡아 망태기에 담아 돌아오다 보면 어둑해져요. 그날이에요. 어둑한 논두렁에 별 같은 반딧불이…. 눈이 시린데…. 맹꽁이가 철썩거리며 울었어요. '매~옹 매~옹 맹맹매엥~'

    저녁밥을 먹는 내내 밤이 깊을수록 오케스트라가 밤하늘에 점점 울려 퍼져요. 오케스트라에 취해 비몽사몽 밤새워 뒤척이다가 실눈으로 실 귀로 청개구리, 맹꽁이,

햇살은 그대 얼굴을 따스하게 비추고

고라니, 까마귀, 때까치, 고양이, 쥐, 두더지…. 검푸른 숲 속에서 살아 꿈틀거려요. 액정에 피명 든 사람들 귀속으로 스며들겠다며 늦잠을 자요. 신도시에서 탈출하길 잘했어요.

여기는 바람의 광장. 유리도서관. 수국의 정원을 다스리는 두꺼비 수문장이 지켜보는 동화의 나라. 깨어보니 '후드득' 빗방울이 통유리를 두드려요. 맹꽁이들은 천상제국을 꿈꾸며 교대로 울기 시작하죠. 음악회를 준비하느라 목소리를 가다듬어요. 추억을 긷는 전사들이 새까맣게 몰려들고 있어요. 여기 맹꽁이가 살아요.

햇살은 그대 얼굴을 따스하게 비추고

팽이의 온도 53°C

여름의 뒷모습

여름이 돌아서서 '후후' 더운 입김을 불어댄다. 매미 소리로 여름의 오장을 진단해보니 위장에 마땅한 곡기가 채워지지 않아 비장이 운화하지 못하고 빈둥거린다. 폐에서는 습한 쇳소리가 들린다. 축축한 몸을 말려야 할 때가 온 것이다. 조만간 '양명이면 조금'이다.

푸르죽죽한 칡넝쿨 위로 태양이 내리쬔다. 예전의 빛에 바람기를 쏙 뺀 땡볕이다. 여름은 오래 버티지 못할 것이다. 나는 커튼을 치고 칡넝쿨 능선 사이로 꽥꽥대며 소리 지르는 고라니와 매미 소리를 엿듣는다.

햇살은 그대 얼굴을 따스하게 비추고

여름은 능선을 오르내리며 화가 난 듯 훈기를 내뿜는다. 할 일을 빼먹은 듯한 조급함…. 올여름은 유난히 덥고 습했다. '살아있는 인간의 모습'을 빼닮은 여름이었다. 올여름은 '낭만적이었다.' 저 여름의 뒷모습이 마지막 낭만일 것이다. 지금 이 땅은 죽음과 폭력, 화려한 비상과 복수, 배신을 일삼는 자들로 들풀처럼 무성하다. 나는 신문지 뭉치를 아름 들어 폐휴지 함에 던지며 중얼거린다. '권력과 암투를 등지면 낭만이 찾아올까?'

'미암미암~ 암맘맘~' 늦여름에 탑승한 매미들의 목소리가 따갑고 스산하다. 올여름에는 '다시 동물원'을 관람하며 화해하지 못한 친구 소식을 떠올렸다. "보이지 않는 입자 같은 추억이 우리를 살게 하잖아?" 늙은 친구들은 다시 힘을 내보지만 여름의 입김처럼 금세 시무룩해 보인다. 그 쓸쓸한 친구의 목청만 하늘 높이 들판으로 흘러 넘친다.

"'너무 아픈 사랑은 사랑이 아니었음을…', '시청 앞 지하철', '거리에서', '광야에서' 등 공연에서 그는 왜 친구로만 불리고 실명을 부르지 않았을까? 혹시 저작권 때문에?"라는 엉뚱한 상상을 하다가 가족들 손을 놓쳤다. 가

햇살은 그대 얼굴을 따스하게 비추고

족은 떠났다. 마음 거리 5m 근처에서 평생 입김을 '후후' 불어 제칠 것이다. 쉬이 떠나지 못하는 저 여름의 뒷모습처럼. 나는 그 입김을 받으며 계절을 겨우 옮겨 다니며 글을 쓸 것이다. 쓰지 않으면 저 여름에게 잡아먹힐 게 틀림없기 때문이다. 2023년 여름. 낭만이 입김을 '후후' 불며 손짓한다. '낭만, 닥쳐!'라고 외쳐도 낭만은 다시 찾아올 것이다. 그건 2023년 여름을 살아낸 자들에게 당도한 선물일 것이다.

팽이의 온도 54°C (60초 소설)

그해 여름은 따듯했네

2023년 6월부터 8월 8일 입추가 지날 때까지 그해 여름은 따듯했다. 일찍 밥을 먹기 시작해 소위 '밥풀 맨'이라며 놀렸던 너는 쇳덩이를 들며 단단해졌다. 몸도 마음도 단단해진 너와 보낸 2023년 여름은 따듯했다.

약국 아르바이트, 틈새 과외, 여름 학점 이수, 헬스 그리고 짬짬이 읽고 싶은 책 목록에는 『그릿』, 『부의 추월차선』, 『프로이트』, 『파친코』가 들어있었다. 네가 익어가는 모습을 바라보는 내 마음은 가을 들판을 보는 것 같다. '저 알곡들이 익어가면 사람들의 허기를 달래줄 곡식이 되겠구나.' 대추도 사과도 배도 익어가지만 내게 너는 언제나 '밤톨이'이다.

햇살은 그대 얼굴을 따스하게 비추고

2016년 8월, 너를 앨라배마에 두고 게스트하우스를 나설 때 너는 일찌감치 내가 보이지 않는 곳으로 멀어져가고 있었다. 나중에 그 이유를 물어보니 '쓸데없이 눈물이 나올까 봐.'라고 너는 대답했지. 어언 7년의 세월이 흘렀다. 처음 너를 보내고서 엄마는 저녁 내내 가슴을 부여잡고 울었고 나는 텅 빈 가슴 한쪽을 멍하니 바라보고 있었다. 하지만 단단해진 네 자리에는 시간도 공간도 아쉬움도 채워져 공허한 그리움 같은 건 더 이상 없을 것이다. 네가 꿈꾸는 삶이 어떤 것이든, 네가 꿈꾸는 세상이 어떤 모습이든 나와 함께한 2023년, 37도를 웃도는 따듯한 여름을 추억하렴. 아비는 비록 제 길만 보고 걸어가는 좀머씨 같은 사람이지만 쉼 없이 흐르는 사람임을 기억하렴.

_ 2023. 8. 17. 여름을 떠나는 중천

팽이의 온도 55°C (60초 소설)

나(영)의 정원

나의 정원에는 잡초가 무성하다. 엉겅퀴, 고들빼기, 씀바귀, 아욱, 파프리카 같은 것도 가득하다. 아니, 그녀가 머문 곳은 정원이 아닌 텃밭이었는지도 모른다. 텃밭에 씨를 내린 장미의 삶은 상상을 초월할 것이다. 그녀의 곁에는 늘 엄마가 있었다. 엄마는 엉겅퀴로 변장한 장미 같았다. 텃밭에서 버티는 법, 흔들리지 않는 법, 표정을 잘 관리하는 법을 가르쳐 주었다. 사랑하는 엄마는 먹여주고 재워주고 키워주고 가끔 매도 들며 나를 연단시켰다. 강한 엄마의 속내에는 장미가 숨어있었다.

엄마의 속내를 알기까지 40여 년이 소요되었다. 결혼하고 인생의 변곡점을 넘고 보니 문득 내가 보인다. 예측불

햇살은 그대 얼굴을 따스하게 비추고

허 인생의 변곡점에서 하마터면 숨이 멎을 뻔했다. 내가 누구인지, 무엇을 원하는지에 대한 갈급함을 겨우 넘어섰다. 나는 이렇게 말할 수 있다. "엄마는 엄마이고 나는 나다. 하물며 나는 장미다."

나영은 씨앗을 새에게 건네주었다. 새는 멀리 날아가 씨앗을 이 아름다운 정원에 떨어뜨렸다. 그녀는 이 정원을 닦고 조이고 기름치며 제2막을 열어갈 것이다. 정원에는 붉은 장미, 노란 장미, 백장미, 연분홍 장미에 이르기까지 '장미'가 만발할 것이다. 가시 가득 머금은 장미의 정원에는 돌부리도 황토도 나영이 뿌리를 내리는 데 방해가 되지 못할 것이다. 나영의 가시는 윤기가 흐를 것이다.

_ 2023. 6. 27. 쌀 통닭집에서 김나영 님

팽이의 온도 56°C (60초 소설)

근수 씨의 물타기

  움켜쥘수록 물은 근수 씨를 바닥으로 끌어내렸다. 수술한 허리 통증을 줄여볼 요량으로 당도한 곳은 수영장이었다. 수영장 물은 차고 탁했다. 그 물이 근수 씨를 온몸으로 끌어내려도 그는 물이 좋았다. 포기할 건 포기하고 할 수 있는 것만 하기로 했다. 그날부터 소주를 줄이고 가슴이 뛰고 가슴을 살피고 운동의 즐거움, 삶의 재미를 느끼고 사람을 함부로 대하지 않고 상대방의 입장을 먼저 생각하고…. 그렇게 변화가 일어났다. 모든 게 수영 덕분이다. 현장 어디를 가나 수영장부터 찾았다. 그건 근수 씨 삶의 힘들고 외롭고 처참했던 시절이 주는 선물이었다. 근수 씨는 친구 7명, 딸 3명과 착한 아내가 있다. 놓아줄수록 앞으로 보내주는 물의 성품을 배우며 가족이

햇살은 그대 얼굴을 따스하게 비추고

그의 품으로 들어왔다. 한강 도하는 허세가 아니었다. 한 번쯤은 근수라는 인간을 증명해 보이고 싶었다. 탁하고 차갑고 정제되지 않은 한강을 가로지르며 근수 씨는 생각했다.

"손에 잡히는 것만 잡고 다 놔주면 된다는 걸. 내가 오랫동안 세상을 돌아왔구나. 수영은 인생 운동이다." 근수 씨는 이렇게 말하고 특유의 호탕한 웃음을 짓는다. 높이 솟는 다이빙은 근수 씨의 전매특허다. 그 입수는 돌고래와 닮았다. 근수 씨가 잠수한다. 물타기하며 세상 귀퉁이 계룡산 쪽이다. 저기 근수 씨가 물살을 가르며 계룡산을 향해 헤엄치고 있다. 이제 그는 예의 그 날카롭고 표독한 근수 씨가 아니다. 그는 물처럼 흐르며 물을 보내며 물을 안고 물을 탈 줄 알고 물타기를 즐기는 사람이다.

_ 2023. 6. 15. 교촌에서 박근수 님

햇살은 그대 얼굴을 따스하게 비추고

팽이의 온도 57°C (60초 소설)

목화 꽃송이

서양수수꽃다리가 아름답게 핀 정원 앞을 나비가 나풀나풀 날아간다. 그 나비를 닮은 가냘픈 몸으로 감당하기 벅찬 일들이 지나갔다. 꼿꼿이 100년을 살아내고 허리춤도 보여주지 않고 떠나신 엄마에 대한 긍지가 그녀를 감당케 했다. 100년을 한결같이 자식을 위해 분주히 손발을 움직였던 엄마는 새벽 늦잠처럼 떠나셨다. 턱밑까지 억울함이 차올라도 한 번 더 인내하며 귀를 열고 입으로는 날숨처럼 질문하며 정글과 같은 사람 숲을 지나왔다. 작은 가슴이 감당하기 벅찬 일들 때문에 그녀의 밭은기침은 끊어지지 않았고 종종 숨이 넘어갈 듯 해수를 뱉어냈다. 겨울이면 그녀는 목화솜을 창가에 널어두며 숨을 고르곤 했다. 오광 나뭇잎이 창가에서 노랗게 물들며 손 흔드는 가

햇살은 그대 얼굴을 따스하게 비추고

을이 오면 처마에는 주렁주렁 조롱박이 열리고 교정 현관 앞에는 수세미가 영글어 갔다. '박정희'라는 이름만으로 따라다녔을 수많은 꼬리표를 어떻게 감당해냈을까? 문틈으로 들려오는 그녀의 풍선 바람 빠지는 헛한 웃음소리 속에는 한 스푼의 분노와 한 줌의 속울음, 자신을 담금질하는 망치질이 숨어있었다. 언제나 정갈하게 펼쳐진 책을 덮고 그녀가 걸어가면 알 수 없는 온기가 돌았다.

그녀가 교정을 떠난다. 그녀가 맞이할 아니, 그녀를 끌어안을 세상 한 귀퉁이는 온화할 것이다. 그녀의 미소와 따듯한 마음과 사람을 움직이는 환대로 세상에는 봄바람이 불 것이다. 교정에는 여전히 하얀 수수꽃다리와 목화꽃이 만발할 것이다.

어머니는 잘 빨아 세탁해 햇볕에 말린 베개 잎과 하얀 저고리를 입고 소풍가듯 천국으로 가셨다. 도토리를 주워 묵을 쑤고 쉬지 않고 밭일해 자식들을 거둬냈다. 단단한 신앙과 부지런한 몸놀림은 늘 엄마의 입맛을 돋우고 자식들이 모인 자리에서 설거지를 도맡아 하시며 자식들의 수다를 듣는 즐거움을 큰 낙으로 사셨다. 예쁜 걸 보시는 안목이 있어 딸들은 옷을 살 때마다 엄마에게 물어보고 샀다. 사람을 성가시게 하지 않고 말없이 실천하는 삶은 엄마를 건강하게 살게 했다. 시간을 허투루 쓰지 않는 것, 궁상을 멀리하는 것, 다른 사람을 탓하지 않는 것 모두 엄마의 선물이었다. 그런 엄마를 가슴에 담고 콩쥐처럼 살았다. 콩쥐를 알아보는 사람들은 겉으로 자신을 드러내지 않았다. 견딜 수 없을 때는 천천히 화단을 걸으며 모난 마음을 쓸어내렸다. 그 마음으로 때로는 사나운 하이에나, 전갈, 도마뱀, 표범 같은 마음들도 놀다가 갔다. 그들이 놀던 자리에 풀이 마르고 풀풀 썩은 내가 났지만 한 계절이 지나면 마음 정원에서는 다시 싹이 돋고 새순이 피어올랐다.

작은 몸으로 감당했다곤 믿기지 않는 것들이 세워졌다. 체육관, 급식소, 운동장…. 아니, 그보다 더 큰 것은 '사람을 믿어주고 이해하려는 마음'이었다. 그렇게 천천히 흔들리며 바람을 맞으며 봄 여름을 지나 코스모스 핀 가을쯤 지나면 거기에는 여지없이 목화꽃이 솜이 되어 한 움큼 씨를 머금고 서 있을 것이다. 목화는 꽃인가, 이불인가? 구분할 수 없는 식물이었다. 화단에도 텃밭에도 모두 어울리며 나를 내세우지 않는 '목화'가 속으로는 어떤 마음인지 물어봐주는 것은 엄마가 가르쳐준 마음이었다.

햇살은 그대 얼굴을 따스하게 비추고

그녀의 계획 속에는 오스트리아 신년 음악회 참관, 한 번쯤 홀인원, 『파우스트』 읽기, 그녀만의 아름다운 정원 가꾸기 등이 있다. 목화꽃이 솜을 한창 머금을 즈음 그녀는 두 번째 소풍을 서서히 준비 중이다.

_ 2023. 8. 31. 교정에서 박정희 님

팽이의 온도 58°C (60초 소설)

영순의 아름다운 꽃밭

18세에 파도를 보았어요. 바다가 있었고 바다를 항해하는 해경이 있었어요. 그를 따라 아니, 내 마음을 따라 여기까지 왔어요. 40여 년을 달려와 보니 물거품처럼 부서지는 밥풀꽃(불두화) 화원, 꽃이 만발하네요. 불두화는 바닷가에 피고 불두화 옆에는 수국, 수국 옆에는 동백, 동백 옆에는 장다리, 장다리 옆에는 유채…. 이런 꽃들이 유난히 바닷가에 많이 피어요. 수평선을 따라 꽃이 만발해요.

유채 기름을 짜 바닷바람에 던지면 그 기름 냄새를 맡고 청춘이 돌아올까요? 문득 깨어보니 해경 아저씨가 늙어가고 있어요. 깜짝 놀라 고개를 들어보니 여기는 천상

햇살은 그대 얼굴을 따스하게 비추고

의 화원이네요. 아들, 딸, 손주, 사위, 며느리 하나같이 불두화를 닮았네요. 온순하고 환하고 심성 고운…. 내가 임종을 지킨 시아버지는 시력을 잃고 10년을 걸어와 나와 만났어요. 몇 년을 지지고 볶으며 씻기고 달래 보냈어요.

'파도의 아버지!' 오죽할까요? 구성진 시조 소리만큼 시아버지는 투정을 부렸어요. 회갑을 넘기지 못하고 시아버지는 떠났어요. 심 봉사처럼 눈을 떠 "어디 보자. 내 손주, 내 며느리."라고 하지도 못하고 떠났어요. 저세상에서는 꽃이 보일까요? 18세에 내가 보았던 파도의 물거품은 불두화 꽃잎이었어요. 40여 년을 달려와 멈추지 못한 내 청춘의 파도는 60년의 포말로 부서지고 있어요. 저 입자들이 꽃잎이 되어 열매를 맺고 또 싹이 트면 18세에 못다 한 말들을 할 수 있을까요? "어디 보자. 내 며느리."라며 이 화원을 향해 걸어오실까요? 영순의 정원은 가을. 아름다운 가을꽃이 물들어갑니다.

_ 2023. 9. 29. 인천에서 서영순 님

팽이의 온도 59°C (60초 소설)

뗏목이 된 파도

어머니를 묻고 돌아오는 길 내내 비가 내렸다. 아버지는 나와 동생을 늘 발가벗겨놓고 회초리를 들었다. 도망칠 의지를 꺾어놓을 요량이었지만 나는 맨몸으로 죽어라 도망치며 살았다. 나는 25살 철부지였지만 나보다 더 철들었던 18세 아내를 만났다. 내가 그녀의 해경이었다. 그녀를 만나 주변의 불같은 반대에도 도망치듯 결혼했다. 그 후 해경 신분으로 결혼하고 실명한 채 10년을 병치레 하시던 아버지가 죽고 착한 동생이 병상에서 떠나고 유산하고 직장에서 퇴사당하고 또다시 직장을 얻고 사기당하고 징계받는 동안 단 한 번도 부모님 기일을 잊지 않았다. 그녀와 살아온 40년 세월은 파도와 폭풍우였다. 그때마다 질경이보다 질긴 생명력을 가진 아내가 있었다.

햇살은 그대 얼굴을 따스하게 비추고

머리끝까지 신경을 곤두세워도 자꾸 무너져 내리는 인생의 바다에서 이제야 닻을 내려본다. 고요한 바다. 이제는 손주들 앞에서 철부지가 되어도 상관없다고 생각한다. 그리움도, 아버지의 회초리도, 회초리보다 매서웠던 그 천자문 선창도, 아버지의 분을 대신했던 지게 작대기도 그립다. 알몸으로 도망쳐 뒷산에 숨었다가 어둠이 내리면 조용히 귀가했다.

그날 저녁 밥상 앞에 앉으면 아버지는 말없이 생선을 내 앞으로 밀어주셨다. 그 흔한 환갑도 맞지 못하고 떠난 아버지…. 그 아버지보다 10년을 더 살아 보니 아버지가 보인다. 아버지의 파도를 보며 인생 풍랑이 조금씩 눈에 보인다. 사랑하는 사람이 죽고 아프고 싶지 않아도 아파지고 떠나고 싶지 않아도 떠나게 되는 게 인생이라는 거. 나는 파도다.

부둣가에 18살 아내가 서 있다. 그녀의 거친 손을 잡고 다시 바다를 항해해야 한다. 이제 파도는 내가 부딪힐 벽이 아니라 내가 타야 할 또 하나의 뗏목이다. 파도가 친다. 나는 이제 파도를 탄다.

_ 2023. 9. 29. 인천 김영권 님

햇살은 그대 얼굴을 따스하게 비추고

5장

가을 성장
비워낼 용기
(9~11월)

팽이의 온도 60°C (파우 스타 통신 2)

여백 뜰에서 몸들은 어때요?

　마음은 육식은 좋아하지만 메스꺼울 것 같고 채식은 가벼워 보여 매운탕을 주문했어요. 제법 맑은 1급수에서 사는 물고기들은 장마에 거처를 떠나 남한강으로 내려와 적응한 것들이죠. 계곡 맑은 물과 달리 강물 생활은 쉽지 않았을 거예요. 희뿌연 시야도 그렇고 끝도 보이지 않는 강줄기도 그렇고 출렁임도 그렇고 가끔 떠내려오는 사람의 살점도 그렇고. 오래 견딤을 반복하며 살아서인지 매운탕은 혀를 삼키고 가슴을 뻥 뚫어요. 가끔 혼을 흔들고 뼈를 통째 먹어도 좋지만 천천히 발라내 먹으면 가을의 기별이 속속 들어와요. 가슴이 설레죠. 그렇게 입맛을 당겨 텅 빈 속을 다스릴 수 있으면 좋으련만…. 세 번째 결혼하고 겨우 알게 된 나. 변기에 머리를 박고 총알이 귓전을 스친 아이. 소풍도 일이 된 것처럼 쫓겨온 가을. 후반기

햇살은 그대 얼굴을 따스하게 비추고

밥벌이의 지겨움에 맞서야 하는 글쟁이. 시간을 유예하는 채권자들의 기만. 붓꽃으로 견디기엔 건조한 연못. 온종일 나비가 수액을 빨아먹어도 가만히 고개 숙인 돌배와 아기 사과…. 일생을 질주해 왔으니 왜 구토뿐이겠어요? 가랑잎이 된 얼굴들이 밤새 악몽에 시달리며 달려왔으니 『파우스트』고 머루고 매운탕이고 여백이고 몽땅 메스꺼웠을지도 몰라요. 국물 따위가 메스꺼운 속을 다스릴 수 있을까요? 그럴 리가요?

  이번 가을 계획도 2할을 맞추지 못했어요. 2할이 뭐예요? 몽땅 흐트러졌죠. 마음은 늘 그래요. 몸은 덩달아 춤추고 그러니 마음에 갇힌 몸은 오죽할까? 이러다가 상한 몸에 겨우 실려가던 영혼도 다른 집을 찾아 떠나갈지도 모르겠어요. 호흡할 때는 다 뱉지도 들이마시지도 말랬어요. 2할의 ½만 갖고 숨쉬라고 했어요. 코치나 구루(Guru)들이 하는 말은 다 좋은 말이에요. 보고 듣고 해보고 또 해본 결과치를 두루뭉술 말하는 거니까. 하지만 구루들도 절대로 알 수 없는 게 있어요. '마음의 온도'.

  마음의 폐는 호흡만으로 숨쉬는 게 아니니까. 가을 즈음 당도하면 그 확률은 더 희박해지죠. 7월에 작정했던

햇살은 그대 얼굴을 따스하게 비추고

파우 스타 팀도 2할을 넘기지 못했어요. 그럴 걸 늘 애달파하며 분주하죠. 몸들은 어때요? 마음은요? 이제 먼 길을 헤엄쳐 갈 수 있겠어요? 그럴 리가요. 그러다 보면 금세 몸이 아파요. 영혼이 단단해도 몸 없이는 멀리 못가요. 언제나 껍질처럼 버릴 몸이지만 전셋집도 잘 꾸미면 내 집이고 살다 보면 내 집이 돼요.

괴테는 죽고 전영애 시인은 늙어가지만 코스모스가 예쁜 가을 여백입니다. 장마 뒤 푸른곰팡이가 핀 서재를 청소하기 위해 일산에서 자원봉사자들이 왔어요. 저들의 마음은 어떤 것일까요? 육신의 곰팡이는 저대로 닦아 살아가더라도 마음의 곰팡이는 누군가가 닦아주지 않으면 안 돼요. 섣불리 닦아준다는 게 오히려 간섭으로 느껴지지 않도록 이것도 조심조심해야 하죠. 쏟아낸 말들만큼 몸으로 움직이고 계속 써나가는 수밖에 없어요. 내게는 써나가는 게 바위를 다지고 자갈을 넣고 객토하는 일보다 더한 공사예요. 각자의 처소에 그런 게 있잖아요? 기도, 일, 결심, 봉사, 용서, 그리고 치유되지 않은 마음 같은 거. 몸은 어때요? 마음은요? 가을에 여백 뜰에 도착할 때 단단히 준비하세요. 몸도 마음도 사유하니까요.

햇살은 그대 얼굴을 따스하게 비추고

팽이의 온도 61°C

바보 같은 상상을 했어요

바보 같은 상상을 했어요. 당신이 올 것만 같은. 그럴 리 없다는 걸 알면서도 그런 상상을 했죠. 나는 늘 생각이 많고 학처럼 야위어 세상을 기웃거리지만 상상은 좀처럼 멈추지 않아요. 그냥 그래요.

남이섬 별장에 가을비가 내려요. 좀처럼 잠을 이룰 수 없네요. 저 메타스퀘어 가로수를 가로질러 당신이 올 것만 같은, 바보 같은 생각이 떠올라 눈물이 나요. 하지만 낙담 같은 건 안 해요. 상상은 내 것이고 당신은 당신만의 감정이 있을 테니까요.

햇살은 그대 얼굴을 따스하게 비추고

가을은 낭만보다 복잡해요. 넉넉하면서 빈궁하고 아름다우면서 처참하고 더우면서 춥고 앞뒤를 둘러봐도 갈 곳이 없어요. 뒤에 서 있는 허풍뿐인 여름을 달래야 하고 징징거리는 겨울도 추스려야 해요. 그래도 나는 가을 할래요. 여한이 없거든요. 감이 익어가고 홍옥이 검푸르고 누런 들판의 참새떼의 활기, 끝까지 살아남은 너구리와 족제비, 고라니와 산토끼, 그리고 당신의 실루엣…. 그것만으로도 차고 넘쳐요. 나는 사계절을 모두 살아냈지만 특별히 가을이 맘에 들어요. 차고 넘치지만 비워낼 수도 있거든요. 잠시 비가 멈췄네요. 깊은숨을 들이마시고 좀 더 깊숙이 가을 품속으로 걸어가 볼 거에요. 혹시 알아요? 바보 같은 내 상상이 눈 앞에 펼쳐질지? 그걸 누가 알겠어요?

소위 '3무'가 있어요. 비밀 없고 공짜 없고 정답도 없어요. 삶은 가을이거든요. 이건 비밀인데요. 삶은 달걀보다 삶은 가을이 더 맛나요. 그러니까 당신 힘내세요. 어쩌면 내가 당신의 상상 속으로 먼저 진군할 수도 있으니까요. 잘 자요. 내 사랑!

햇살은 그대 얼굴을 따스하게 비추고

팽이의 온도 62°C

가비양 컬렉션

　가비양에는 고양이가 있었고 고양이를 닮은 양동기 씨가 있었다. 짧은 2부 머리에 거친 피부, 커피 농장에서 아프리카 원주민과 함께 찍은 사진이 가장 잘 어울리는 남자. 거친 손에 듬성듬성 난 수염, 입에서는 커피 열매 같은 말들이 굴러떨어지는 남자. 커피로 세상과 사람을 만나는 남자. 그가 바로 가비양의 대표다.

　아는 사람을 표현하는 기준이 이름, 직함, 나이, 주소 등이라면 그는 '이름을 제외하면 잘 모르는 사람이다.' 내가 아는 그는 망치질이나 톱질을 하다가 손을 으깨거나 베인 자국을 그대로 노출해 다니며 그 상처가 아무는 동안에도 커피를 계속 로스팅한다. 가비양에 들러 커피를 마시다 보면 길손처럼 지나가다가 금세 진지하게 자신의 속내를

햇살은 그대 얼굴을 따스하게 비추고

드러내며 수다쟁이가 되는 사람. 그 말을 듣다 보면 그의 감정이 가슴에 닿아 '물에 핏방울이 퍼져나가듯' 퍼져나가는 사람. 그가 바로 가비양 양동기 씨다. 나는 그가 가비양 대표라는 걸 나중에서야 알았다. 그러고 보면 그는 내가 아는 사람이다. 양동기 씨는 맛, 여행, 거주지와 함께 떠오른다.

#맛

그는 아프리카산 커피를 손수 공수한다. 커피를 수확하는 원주민을 만나 함께 음식을 해먹고 그들이 주는, 가공 안 된 음식에 대한 거부감도 없다. "아무도 따라올 수 없는 맛있는 음식과 영혼을 흔드는 향을 풍기는 커피를 여자 앞에 내놓을 수 있어야 남자라고 할 수 있다."라고 그는 말한다.

#여행

그가 "감당할 수 있겠어요?"라며 건넨 여행지를 살아있는 동안 가 볼 수 있을지 나는 궁금하다. 그가 표현하는 '원주민의 야생 먹거리'와 '토굴' 속에 엉켜 옹기종기 모여자는 잠자리, '씻을 곳' 등을 생각한다면 어쩌면 내 생전에는 오지 않을 여행일지도 모른다.

햇살은 그대 얼굴을 따스하게 비추고

#거주지

6~7년 전 전세가 만료되어 인터넷으로 찾은 전셋집이 가비양 근처 주택이었다. 도망치듯 임시방편으로 셋집으로 얻은 집은 3층에 잔디정원이 있는 곳이었다. 가비양을 지나 아프리카 음식점, 에이스 침대 집을 돌면 나타나는 쌍둥이 주택이었다. 얼떨결에 머물듯 살게 된 그 집 덕분에 가비양, 보리밥집, 에이스 침대 집과 이웃으로 살았다.

떠오르는 추억 하나는 거위 소리다. 시도 때도 없이 울어대는 거위 소리가 사는 내내 시끄러웠지만 정겹기도 했다. 그때 처가 시골집에서 갓 낳은 백구 새끼를 데려왔다. 방에서 재우던 백구는 알고 보니 진돗개였다. 순식간에 자란 백구는 출근할 때마다 정류장까지 따라 왔다. 심지어 차를 탈 때까지도. 그때 가비양 주차를 하시던 분이 백구와 사귀었다. 그때 백구는 거위가 우는 소리를 향해 더 크게 짖었다. 백구는 귀엽던 얼굴이 싹 가시고 너무 무섭게 짖어 시골로 귀양보내 버렸다.

추억 둘. 가비양 근처에서는 저녁마다 소쩍새 울음소리가 났다. 밤이 이슥하면 꼭 들려오는 소쩍새 울음소리는 가비양 옆 큰 나무에서 났다. 산책하듯 근처에 가 보면 소

햇살은 그대 얼굴을 따스하게 비추고

리는 다시 조용해지곤 했다. 그때 르와 고양이 눈은 소쩍새를 닮았고 커피 향이 화단까지 진동했다. 가비양에서는 정기적으로 아름다운 선율이 흘러나왔다. 나는 출·퇴근길 철 따라 가비양을 지나며 클래식과 풍류를 즐기는 커피 족(?)을 향해 "아주 낭만적이시구먼."이라며 비아냥거리곤 했다. 하지만 낙엽 지는 늦가을에 들려오는 선율은 주차장 앞에 한참 서 있게 만들었다.

추억 셋. 가비양 근처에서 한 노인이 밭농사를 지었는데 농사 장인이었다. 긴 밭은 초봄부터 고랑을 깊이 파 흙이 검고 짙은 갈색으로 김이 모락모락 올랐다. 3월부터 돋기 시작하는 싹들이 어쩜 그리도 정갈한지 나는 그 밭을 단 한 번도 그냥 지나친 적이 없다. 밭에는 토란, 보리, 해바라기, 아주까리, 양파, 대파, 그리고 호밀, 수수, 조, 메밀도 심었다. 가을이면 담장에 애호박이 주렁주렁 열렸다. 작물들은 가비양의 커피와 선율을 고스란히 누리며 자랐다.

추억 넷. 고양이가 있었다. 고양이를 왜 새장 같은 곳에 가두어 키우는지 의아했다. 그 고양이가 커피를 마시고 눈 똥으로 비롯된 것이 루왁 커피란다. 그때 나는 그곳 주인이 어떤 인간인지 궁금했다. 약 6년 전부터 기억나는 추억이지만 좀 더 거슬러 올라가면 커피나 술 없이는 나눌 수 없는 추억과 얘깃거리가 커피 향만큼 가득 숨은 곳이 가비양이다.

가비양에서 커피 테이블에 양동기 씨를 눕혀놓고 보양혈 자리에 침과 뜸을 떠주었다. 누운 양동기 씨의 몸과 혈맥을 본다. 혈맥을 흐르는 피와 생기 속에서 생명의 흐름을 보았다. 백회, 대충, 그리고 베드로의 역 십자가 혈이며 대사기능을 촉진하는 기본 7혈. 상완, 중완, 수분, 좌우 황요, 관원, 기해에 자침하고 세 곳에 뜸을 주었다. 그의 이상과 꿈이 온전한 육체 안에서 흘러가길 바라며….

가비양 양동기 대표가 6년간의 저서 6권의 컬렉션을 제안해 주었다. 깊은 가을, 최고의 커피 향에 취하면 낭만이 보인다. 낭만 깊은 곳에는 언제나 생명의 용트림이 있다. 살아내려는 생명의 끈질긴 용트림. 루왁 커피는 고양이에게 유익할까? 내 배설물은 사람들에게 위안이 될까? 문득 그 고양이의 눈빛과 소쩍새 울음소리가 귓전을 스친다.

햇살은 그대 얼굴을 따스하게 비추고

팽이의 온도 63°C

움직이는 풍경

　움직이는 풍경이었으면 좋겠다. 이 눈부신 계절에…. 순서 없이 천천히 떨어져 이곳저곳에 저대로 떨어지는 상념들이 늦가을 낙엽을 닮았으면 좋겠다. 그렇게 가을 모퉁이에서 거리를 떠돌며 뒹굴던 상념들이 바스락거리며 기지개를 켜면 깊은 산 계곡에서 시작된 수맥을 타고 차가운 물줄기가 흐를 것이다. 서리 따위에는 아랑곳하지 않는, 한겨울 세상이 온통 얼어붙어도 멈추지 않는 물살.

　아침 안개 위로 가을 햇살이 구슬처럼 거리를 굴러가다가 어렴풋이 서리맞은 배춧잎이나 무청, 가을 상추 사이를 지나가는 들쥐나 두더지의 움직임을 본다. 그 순간 '번쩍' 식욕이 돋는다. 족제비처럼 눈의 심지를 세우고 온몸

햇살은 그대 얼굴을 따스하게 비추고

으로 달려들어 피투성이로 생을 증명할 수 있으면 좋겠다. 밥맛이 좋지만 천천히 먹고 할 수 없는 것은 하지 않고 할 수 있는 일은 주저 없이 해내며 이 둘을 구분하는 지혜로운 늙은이로 늙어가면 좋겠다. 눈빛이 살아 생명의 자양분을 얻는 데는 숨이 끊기는 순간까지 생기를 잃지 않았으면 좋겠다. 서리와 진눈깨비를 앞둔 잎사귀들이 산등성이를 천천히 노닐며 바스락거린다. 저 보폭만큼 나이 듦이 '움직이는 풍경'이었으면 좋겠다.

햇살은 그대 얼굴을 따스하게 비추고

팽이의 온도 64°C

햇살 마중(가을)

　가을볕이 온종일 들판을 지나 서쪽 하늘로 걸어간다. 햇살에 익은 열매들은 달고 잎들은 노랗게 빨갛게 떠날 준비를 한다. 나는 미루나무 옆길을 지나 플라타너스에 기대어 따스한 가을 햇살에 얼굴을 내밀었다. 얼굴은 가랑잎이 되었다. 이 얼굴로 세상 속으로 돌아가면 보기 흉할 텐데…. 모두 닦고 조이고 왁싱하고 펴고 광내는데 가랑잎이라니…. 은행잎이 우수수 떨어지며 까르르 웃어댄다. 마대에 실려가며 웃어대는 은행잎들을 바라보며 다시 나무를 본다. 햇살이 나무에 매달린 잎새들을 하나하나 꼭 감싸 안으며 지나간다. 날이 저무니 햇볕은 '잎과의 마지막 포옹'을 조용히 풀고 있다. 가을 햇살의 저 가벼운 몸짓을 고즈넉이 바라본다. 햇살 마중하러 나왔다가 가랑잎이 되어 걸었다. 걷는 내내 바람만 낚았다.

햇살은 그대 얼굴을 따스하게 비추고

팽이의 온도 65°C

나는 행복하다

교수님이 말했다. '당신은 사랑받기 위해 태어난 사람.' 그 순간 핏기가 가시며 전율이 솟았다. 가슴 속에서 뜨거운 뭔가가 올라왔다. 사랑을 느끼는 데 필요한 것들이 한꺼번에 떠올랐다. '서운함, 궁상, 연민, 막연한 희망, 눈물, 후회, 미안함, 집착, 무례함.'

내 삶을 지탱하는 '버려야 할 것들의 균형추.' 그 추동에 흔들리며 우리는 성장했다. 70여 명의 눈동자, 눈빛, 따뜻한 격려가 비전센터 903호를 흔들고 기도하는 마음들과 꼭 쥔 손들과 서명을 요청하는 기다림 속에 넘실거렸다. 그 출렁이는 파도를 타고 우리는 다시 세상 속으로 간다.

햇살은 그대 얼굴을 따스하게 비추고

가을, 어스름 속 손톱 달이 눈부시게 아름답다. 범람한 마음들은 흘러 더 아픈 마음들 속으로 다시 녹아 들어갈 것이다. 그 언저리에 사랑하는 교수님의 행복이 있지 않을까? 나는 들었다. "내가 행복한 사람이라는 것을 이제 알았어요." 열두 제자는 이제 "북 토크를 넘어 밥 토크로 진입한다."

가을 바람이 차고 낙엽은 마지막 안간힘으로 버틴다. 가을아! 손목 힘을 내려놓으렴. 바람에 몸을 맡기렴. 네가 여기까지 어떻게 왔는지 나는 알고 있으니…. 가을아! 너는 행복할지니.

햇살은 그대 얼굴을 따스하게 비추고

팽이의 온도 66°C

강천섬 가을

모래 놀이하던 강물은 지금 섬 발뒤꿈치까지 밀려났다. 한 걸음 디딜 때마다 간지럼이 추억처럼 솟는다. 키가 작은 미루나무. 강줄기 따라 우후죽순 자라난 버드나무 뿌리가 고개를 들어 억새를 바라보고 있다. 은수원 사시나무 사이사이 모랫길마다 억새, 쑥, 뱀딸기, 질경이, 씀바귀, 왕바랭이가 오솔길을 수놓고 있다.

강천섬에 사는 왕바랭이는 숫처녀처럼 다소곳하다. 이를 악물고 숨 쉬어야 할 보도블록과 콘크리트길 대신 강물을 타고 올라온 모래와 조약돌이 마련한 길섶에 저대로 살아가기 때문이다. 바랭이는 도시로 떠난 자식들과 친구들이 안쓰럽다. 이 가을이 가기 전 한 번쯤 강천섬에 데려

햇살은 그대 얼굴을 따스하게 비추고

오고 싶지만 바랭이에는 다리가 없다.

 강천섬의 키 작은 미루나무들처럼 메타스퀘어처럼 장미 넝쿨처럼 강천섬의 저대로 자란 나무들과 조용히 말라서 있는 고사목들처럼 다리가 없다. 다리가 없어 바람, 해, 달, 물살 단풍, 은행잎 그리고 흔들리는 갈대와 어울리며 자신에게 이렇게 말한다. "해지면 노을에게 물어보자. 노을은 다 알고 있을 테니."

 들국화와 함께 강둑을 지천으로 덮은 구절초가 이 말을 듣고 졸던 눈을 치켜뜨며 말한다. "저물녘에는 아픔도 그리움도 모두 서쪽 하늘로 몰려들지. 그래서 나는 가을에는 일찍 잠들어. 가을밤 꿈속에서는 풀벌레의 오케스트라가 연주되고 노을이 요정처럼… 환생한 사람들처럼 걸어 다니지."

 강천섬을 감싸 안고 천천히 흐르던 강물이 모래밭을 맨발로 걷는 사람들을 하나씩 하나씩 강 속으로 빨아들인다. 산책하던 사람들은 여기저기 벤치에 앉아 넋을 잃고 강물을 바라보고 있다. 산책 나온 사람들의 몸에서 빠져나온 혼령들이 신발을 벗고 하나둘 강가 버드나무 습지

햇살은 그대 얼굴을 따스하게 비추고

로 걸어가고 있다. 조금 있으면 노을이 지겠지. 노을을 등지고 바라보면 사람도 나무도 집을 떠난 왕바랭이 가족도 아픈 마음들도 모두 돌아오겠지. 강천섬에는 영혼을 앗아가는 위험한 산책길이 사방으로 흩어져 있다.

햇살은 그대 얼굴을 따스하게 비추고

팽이의 온도 67°C

세상의 모든 음악

    지경리 권용의 씨가 사는 곳. 어머니의 자궁에 음악이 흐른다. 피에 굶주린 모기, 물안개, 오죽, 뻐꾸기, 참새떼, 향기가 나는 호수 향호리. 용의 씨는 꿈을 이루었다. 포르테 디 콰트로, 라 마리차의 샹송 그리고 모두가 꿈꾸는 재즈가 울려 퍼진다. 재즈는 수돗가 빈 맥주병을 지나 오죽잎을 흔들고 들깻잎을 쓰다듬고 바다로 간다. 재즈는 20년 된 텐트를 꼬옥 끌어안고 또 끌어안고 한 번 더 포옹하고 바다로 떠났다. 나는 재즈에 미쳐 바다에 풍덩 몸을 던졌다. 아니, 바다가 나를 덮쳤다. 파도는 안경, 손수건, 양말을 빼앗아갔다. 화들짝 놀랐다. 산더미 파도가 말한다. "안 보이냐? 보이는 만큼만 봐." "발이 차. 맨발로 걸어봐." "눈물이 흘러. 손수건 찾지 말고 흘려보내."

햇살은 그대 얼굴을 따스하게 비추고

35℃의 여름, 벌레가 귀한지 뒤뜰에서 참새떼가 싸우고 있다. 수선스러워 돌아보았다. 참새가 말한다. "너는 구경하지? 나는 아니, 우리는 이 벌레 한 마리에 목숨이 걸려 있어. 사는 게 궁금해? 궁금하면 우리 참새한테 물어봐. 어떻게 살아야 하는지." 참새가 독수리 같은 눈을 희번덕거리며 말한다. "궁금해? 그럼 우리 참새처럼 살아. 매 순간 죽기 살기로 살다가 객사하는 거야. 한순간도 머물지 않는 거지. 우리처럼 살려면 다 내려놔야 해. 사람이든 참새든 그게 제일 어려워. 사는 게 힘들어? 그럼 목숨을 걸어봐. 할 수 있겠어? 쉽지 않을 거야. 나는 변변찮은 참새이지만 행복해. 왜지 알아? 내가 지금 답해줄게. 나는 이곳 향호리 권용의 씨가 사는 자궁이 좋아. 여긴 음악이 있고 예술이 있고 친구가 있고 심지어 사람도 있거든."
'푸드덕' 해거름에 참새떼가 날아오른다.

햇살은 그대 얼굴을 따스하게 비추고

팽이의 온도 68°C

꽃무릇

첫눈처럼 당신에게 올게요. 꽃이 피고 꽃잎이 다 떨어져야 오는 잎을 위하여 기다릴래요. 영원히 만날 수 없는 당신의 자리에 잎이 시들고 다시 꽃을 피우려면 얼마나 기다려야 할까요? 첫눈처럼 당신에게 올게요. 인연이 숙명이 되어 천 년의 세월이 지나도록 공중에 떠있는 바위처럼 견딜래요. 파도 소리가 귓전에 맴도는 이곳 천리포에 노을이 지면 어떻게 할까요? 갈대를 꺾어 물길을 만들까요, 구름을 좇아 하늘길을 터볼까요?

부석사 뜨락에 꽃무릇 지천으로 피고 몇몇은 무릇꽃 봉우리로 설레고 있어요. 아, 참! 지금 가을인가요? 당신의 눈빛, 음성, 그리고 따스한 손길과 위로의 한마디, 그 마디

햇살은 그대 얼굴을 따스하게 비추고

를 꺾어 풀피리를 불어볼까요? 파도가 피리 소리를 실어 나르는 물길 위로 당신이 뉘엿뉘엿 걸어와요. 노을이 오나 봐요. 설렘이 넘실대는 석양은 당신의 실루엣으로 온통 물들겠죠. 당신은 천 년의 세월을 따라 건너도 저만치 걸어가고 나는 석양에 넋을 내놓고 녹아내리는데 바람은 어디서 이토록 멈추지 않고 불어오는 건가요? 바람, 파도, 구름, 억새, 노을로 당신은 내게 말을 건네지만 나는 당신을 알아볼 수 없어요. 지금 마음 밭에 당신의 말을 모두 묻어두고 이 붉은 가을을 비워내는 연습을 하다가… 무릇 첫눈이 내리면 첫눈처럼 그렇게 당신에게 올게요.

햇살은 그대 얼굴을 따스하게 비추고

팽이의 온도 69°C

어머니의 산, 비오 낫세이

 어머니 여섯 번째 가슴에 찬 바람이 붑니다. 비오 낫세이. 몽블랑 4,810m. 누구나 허락하지만 누구도 쉽게 품지 않는 자상하지만 잔인하고 아름답지만 거칠고 여린 듯하지만 아름다운 어머니의 가슴에 볼을 비비고 돌아섰습니다. 저토록 하늘이 맑은데 무뚝뚝한 어머니… 가슴에서는 냉기가 돕니다.

 '너대로 살거나 죽거나.' 그건 모두 네 몫이다. 엄마 젖이 그립다면 어린아이이거나 네 어미 같은 한낱 여자이거나 바람 한 자락에 불과할 터. 그걸로 조용히 생명을 낳거나 생명이 있는 곳에 네 전신을 밀어 넣거라. 사는 건 죽음을 전제하고 죽음은 삶을 전제한다. 어미 눈앞에서 피

햇살은 그대 얼굴을 따스하게 비추고

를 쏟으며 미끄러져 죽음에 빠지는 자식을 보는 게 어떤 건지 생각해봤느냐? 가라. 이제는 돌아보지 말고 네 가던 길로 가라. 그 길목에 막다른 절벽이 가로막거든 어미의 마음이라고, 마지막 빙하 '비온 낫세이'라고 여기고 조용히 기어올라라. 시린 네 뼈를 어미가 알아채지 못하겠느냐? 네 피를 못 본 척하겠느냐? 뼈에 속 골이 얼어 혼백이 흔들리거든 거기 어디선가 네 어미가 보고 있다고 여기거라. 이름, 장소, 시간은 자식들의 경거망동이다. 그 어디든 네 영혼이 흔들리거든 목숨을 걸어라. 그게 네 생명에 대한 추앙이자 긍지다. 그게 무슨 표정이냐? 설마 우는 거냐? 오늘만 차디찬 가슴에 녹아내리는 빙하처럼 대책 없이 쏟아져 내리는 낙석처럼 맘껏 울다가 가거라. 사는 동안은 부디 아프거나 죽음을 섣불리 깔보지 말아라. 잘 가라. 세상에 하나뿐인 내 새끼야.

햇살은 그대 얼굴을 따스하게 비추고

팽이의 온도 70°C

당신의 무늬는 흩어집니다

　당신의 갈라진 가슴, 무늬를 보았습니다. 깊고 검푸른 속내에서는 시린 생명과 발랄한 죽음, 끝없는 번뇌가 쩍쩍 갈라지고 있었습니다. 금이 가고 패인 자리에서 검푸른 당신의 마음이 보입니다. 켜켜이 쌓이고 갈라져 조금씩 무너져 내리는 당신의 무늬가 흔들립니다. 속이 메스껍고 울렁거립니다. 아픈 설렘이 눈앞에 아른아른 뿌려집니다. 갈색 꽃가루, 검정깨, 하늘색 얼음 가루가 뿌려진 빙하로 어떤 축배를 준비할까요?

　빙하 케이크가 조금씩 녹아내립니다. 눈물 자국이 자줏빛으로 고랑을 만들고 고랑이 조금씩 벌어집니다. 저 크레바스 어느 깊은 곳에 발을 담그면… 천 년의 빙하 속에

햇살은 그대 얼굴을 따스하게 비추고

서 영원히 당신의 무늬를 만날 수 있을까요? 당신은 내 어깨에 바람 손을 얹고 구름으로 얼굴을 가립니다. 눈을 감으니 당신의 무늬가 몽블랑 봉우리를 넘어 사방으로 퍼져갑니다.

햇살은 그대 얼굴을 따스하게 비추고

팽이의 온도 71°C

한 아름

앞날이 적막하던 시절 기원으로 탁구장으로 이리저리 방황하며 만났지만 38년의 세월 동안 마치 어제처럼 만날 수 있는 사람이 흔한가? 춘식이는 내 밥이었다. 화점마다 깔아라. 하수였던 춘식이는 그렇게 한여름 내내 하드를 내게 바치며 바둑을 배웠다. 희한하네. 아쉽다며 늘 적막한 시간에 재미를 선사했다. 피부는 검고 표정은 우락부락하지만 기도하는 하나님의 자녀다.

영욱이는 제갈량을 닮은 미소년이다. 귀티가 나는 풍모다. 서예부 동아리 활동을 했다. 뽀얀 귀공자! 가끔 동대구역 근처 집에 데려가 집밥을 먹여주었다. 선량한 아버지와 어머니의 미소가 지금도 눈에 선하다. 낯 씻은 새신

햇살은 그대 얼굴을 따스하게 비추고

랑의 모습으로 누구의 말도 잘 들어주는 깔끔한 친구다.

호정이는 야전군이다. 그건 38년이 지난 지금도 변함없다. 맛깔난 입담과 협상력은 재미와 낭만을 선사한다. 호정이가 판 차들은 10만 평 운동장을 채울 것이다. 비 오는 날의 부침개, 막걸리, 눈 오는 날의 설신, 더운 날의 계곡물과 같은 친구다.

승조는 승려다. 고기를 안 먹는다. "육회비빔밥밖에 없는데요."라고 하자 "육회 빼고 참기름 듬뿍 주소."라고 말한다. 어떤 살점도 살생이라고 생각한다. 고깃집에서도 승조는 산나물만 먹는다. 승조가 가고 있는 깨달음의 경지는 어디쯤일까? 승조를 그늘 삼아 기대로 위로받았던 선배 스승, 가난뱅이 제자들은 평생 승조의 지조와 단단한 육체, 그리고 그의 폭넓은 아량을 긍지 삼아 살아갈 것이다.

회장 상수는 늘 하수였다. 하지만 단 한 번도 하수의 궁상을 보인 적이 없다. 그만큼 상수의 체면은 폭넓고 진지했다. 상수가 하수의 기습을 받고 줄담배를 피우는 날은 가오가 최고점에 달했을 때였다. 상수는 그 체면으로 돌도 지나지 않은 아들을 사지에서 살려냈다. 사색 짙은 아

햇살은 그대 얼굴을 따스하게 비추고

들 앞에서 의사들은 모두 넋을 놓고 있었다. 상수는 주사기를 빼앗듯이 들더니 아들의 열 손가락에 사혈했다. 어떤 아비도 보여줄 수 없는 결기로 아들을 살려냈다. 상수의 참모습을 보여준 가오였다.

경일이는 군더더기 없는 젠틀맨이다. 늘 단정한 복장에 에티켓도 깔끔하다. 그의 출중한 외모와 옷걸이는 태도에서도 고스란히 묻어난다. 그의 정련된 태도와 에티켓은 가정, 직장, 선·후배의 품격을 높여줄 것이다.

이들과의 인연은 어언 38년. 바둑, 당구, 탁구, 술 그리고 맛깔난 음담패설과 목젖이 보이는 웃음, 일상을 기쁘게 때로는 오지게 살아가는 소식을 들으며 만나는 것은 삶이 준 선물이다.

50억 원 로또에 당첨되면 상수는 회원들에게 2억 원씩 주기로 했고 호정이는 30만 원을 한아름회에 기부하고 기자회견을 통해 자신을 '자동차 딜러'라고 공표한 후 어려운 이웃에게 반드시 몽땅 기부하기로 했다. 나머지 친구들에게 물어보지 않은 이유는 당첨을 기대하지 않았기 때문이다.

이들은 누구 하나 사람을 허투루 여기지 않는다. 무리해 기본을 어기지도 않는다. 누구 하나 모나지 않았다. 선량하고 극진하지만 쉽게 밀리지 않는 생기를 지녔다. 부모로부터 물려받은 성품과 신의 은총 덕분일 것이다.

나는 이들이 125년 무탈하게 살다가 자연사했으면 좋겠다. 그 증거로 족삼리, 곡지, 관원, 기해, 중완, 백회 등 장수 혈 자리에 마음을 실어 자극했다. 친구가 오래 건강하길 바라는 나만의 의식이었다. 만남의 세월은 곧 40년이 되니 적지 않은 세월이다. 각자의 아름 안에서 한 아름 각자의 빛대로 향대로 오래도록 눈부셨으면 좋겠다.

햇살은 그대 얼굴을 따스하게 비추고

팽이의 온도 72°C

당신의 남이섬

　그때는 어리둥절했다. 좋은 사람들이 왜 이리저리 떠나가는지. 팻말과 말뚝을 박고 띠를 두를 때도 미처 몰랐다. 마을사람들과 삼촌과 친구와 아저씨들이 왜 뿔뿔이 흩어지는지. 불빛이 켜지고 대리석이 깔린 베란다, 삼성프라자, 공원, 호수, 번지점프, 먹자골목과 졸부가 된 이장의 자살. 편리하고 먹고살기는 좋아졌지만 마음이 스산하고… 친구가 그리운 이유. 어언 30여 년이 흘렀다. 돌아보면 참 짠하다. 아마도 이런 마음일 것이다. 돈도 인맥도 없고 하물며 권력과 명예와는 아예 상관도 없는 애매한 조직에서 30년을 보냈다. 당신이 보낸 30년 세월을 내 깜냥으로 가늠해봐도 상상을 초월한 세월일 것이다. 당신의 침묵과 당신의 땀과 당신의 새벽과 당신의 가족과 당신의

햇살은 그대 얼굴을 따스하게 비추고

낚시와 당신의 등산과 당신의 아내와 당신의 아이들과 당신의 마음과…. 나는 사람을 떠나보내는 데 익숙하지 않다. 그리움과 보고 싶음은 아무리 연습해도 익숙해지지 않는다. 그래서인지 신축년 2021년 10월 15일 금요일 지금 오늘이 애달프고 살갑다.

나는 사람을 떠나보낼 줄 모른다. 그렇다고 품을 줄도 모른다. 하지만 한 번쯤 마음을 나누면 오래오래 볼 수 있다는 게 기꺼울 뿐이다. 용애, 민호, 지현, 수정. 나는 이들을 애, 호, 현, 정이라고 뇌까리며 남이섬 메타스퀘어를 본다. 여기는 나미나라 공화국. 일본 사람이 남이섬 주인이란다. 우리는 작정한 듯 가을 문을 열고 여기까지 왔다. 그 나라 선한 백성 중에 마루야마 겐지라는 작가가 아직 살아있다는 게 이렇게 신명 날 수 없다. 당신은 그 작가 못지않게 훌륭한 사람이다. 나는 당신과 애, 호, 현, 정을 마음에 새겨둔다.

햇살은 그대 얼굴을 따스하게 비추고

팽이의 온도 73°C

천년나무

　음유하며 시를 낚으며 황금빛 들판. 인삼밭, 늙은 호박, 대추, 높푸른 하늘, 만월, 은행나무, 천 년. 천 년쯤이면 만날 수 있을까? 모가 깎인 영혼의 환약 냄새를 맡을 수 있을까? 이번에는 귀를 대고 들어볼 참이다. 오래 보고 오래 만져보고 지긋이 오래 만나볼 참이다. 나를 버리고 목탄 연필 끄트머리에 침 한 방울 묻혀 죽어간 때로는 아직 살아 숨 쉬는 것들의 흐름에 대해 문장을 피워볼 참이다. 향불을 피워 천 년의 추억을 물어볼 참이다.

　두꺼비 선사가 말했다. "지상의 생기를 보려거든 천 년 나무에게 물어봐라." 머지않아 지상에 어둠의 제국이 재현될 것이다. 탈주자가 늘어나고 서로 외면하며 시궁창으

햇살은 그대 얼굴을 따스하게 비추고

로 몰려갈 것이다. 어떤 승자도 없을 것이며 조용히 흐르는 자들만 남을 것이다. 남은 자들은 땅으로 스며들고 세월에 녹아들어 물이 되어 흐를 것이다. 푸른 잎으로, 탐스러운 열매로, 때로는 단단한 뿌리로… 생명에 이바지할 것이다. 나머지는 모두 불 속 연기로 화하여 또 한 번 세상을 분주히 떠돌 것이다. 그렇게 분주한 자들은 불나방이 될 것이다.

교지를 완성하라! '완전함'. '온몸을 이동하는 데 신경 쓰느라 완벽 따위는 안중에도 없다면 그는 느리게라도 아무 데도 못 가지.' 반대로 '완벽함을 신경 쓰고 이동은 안중에도 없다면 그는 어디든지 갈 수 있거든.' 길가 코스모스나 맨드라미보다 흔한 이 한마디를 아는 자를 살아생전 만날 수 있다면….

"욕심일까요?"
"그렇고 말고. 욕심이지. 예까지 왔으니 귀띔해주지. 귀를 줘보게. 한계는 자네가 정하는 거야."

온종일 흔들리며 들판을 가로질러 천 년 나무를 만났다. 잎, 둥치, 하늘을 배경으로 구름 떼가 슬금슬금 피해

햇살은 그대 얼굴을 따스하게 비추고

지나간다. 열매도 가지도 껍질도 뿌리도 옹골차다. 천 년 넘는 세월을 버텨냈으니…. 한 말씀 부탁했다. 오래 오래도록 둥치와 열매와 부러진 가지와 잎새와 수액과 버린 것들과 기억나는 주검들과 가을과 물푸레나무와 물오른 오동나무. 그걸 한참 바라보았다.

저 멀리 곤드레 밥집에서 귀에 익은 목소리가 들린다. "아, 뭐해? 차 막혀. 빨리 먹고 가자고!" "정신을 어따 팔고 다니는 거야? 제발 정신 좀 차려. 이제 그럴 나이도 됐잖아?" 뒤편에서 천 년 나무가 '씨익' 웃으며 말한다. "자네, 올해 몇 살인가?" 마음을 주면 어떤 나무도 대답해준다. 천 년! 함부로 울 수도 없는 세월이다. 하물며 눈물 나는 가을이다.

팽이의 온도 74°C

뭉게구름

'이 땅이 끝나는 곳에서 뭉게구름이 되어 저 푸른 하늘을 벗 삼아 훨훨 날아다니리라. 이 땅의 끝에서 우리 다시 만나면 또다시 둥글게 둥글게 뭉게구름 되리라.' 저 구름 따라 걷는다. 눈을 오래 담그고 따라가다가 발을 헛디뎠다. 푹신한 구름 위로 떨어지는데 발이 차고 시리다. 현실은 언제나 상상을 초월할 만큼 뒤뚱거린다. 언제나 다리가 꺾인 쪽으로 중력이 쏠리다 보니 그렇게 절뚝인다. 발을 디뎌 균형을 맞추다 보니 늘 뒤뚱거린다. 뒤쪽이나 위에서 보면 가관일 것이다.

벌봉에서 신도시와 능선과 성곽과 늙은 참나무를 바라본다. 전쟁 때 몇 명이 죽었는지 바위 봉에게 물어보지 못

햇살은 그대 얼굴을 따스하게 비추고

했다. 성곽 기왓조각 위로 신음이 자지러진다. 바람이 이 국땅에서 죽어간 3학사의 신음을 모아 노송의 군락지로 흩뿌린다. 눈에 힘을 실었지만 핏발선 눈동자에서 핏물이 쏟아진다. 주변 낙엽이 울긋불긋한 이유가 있다. 한가위, 가을비, 숨죽인 보름달, 산자락에 늘어진 들깨밭에서 고양이 새끼가 태어났다. 알토란 같은 새끼들…. 먹이를 앞에 두고 악을 쓰던 딸을 생각하면 아찔하지만…. 어린 새끼는 늘 미덥지 못하다. 흩뿌리는 빗줄기에 발발 떠는 새끼들의 비틀거리는 발걸음. 새끼들은 언제나 저렇게 가슴속에서 흔들린다. 새끼를 물어 빗속을 걷다가 잎새 무성한 감나무 아래로 옮겨둔다.

먹구름 뒤에서 달이 바라보고 있다. 달에게 물어본다. "오늘 밤 어디서 만날 수 있나요?" 달은 먹구름 뒤에서 잠시 멈칫하더니 이렇게 대답한다. "궁금한 게 무에냐?" 우리가 치르는 게임의 종착역에 걸린 상금의 주인은 단 한 사람뿐일 것이다. 게임을 이긴 자, 단 한 사람을 위한 단 한 번의 게임. 그는 게임을 이해한 단 한 사람일 것이다. 시간 가는 줄 모르고 게임을 즐기느라 게임을 잊은 자. 자아가 소멸한 그런 자가 있을까?

햇살은 그대 얼굴을 따스하게 비추고

일순간 먹구름이 걷히고 슬금슬금 뭉게구름이 몰려온다. 한두 방울 빗줄기가 듣는다. "이 하늘 끝까지 가는 날 맑은 빗물이 되어 가만히 이 땅에 내리면 어디라도 외롭지 않을까? 이 땅의 끝에서 우리 모두 다시 만나면 또다시 둥글게 뭉~게~구~름이 될 수 있을까?" 또다시 둥글게… 둥글게…. 과연 바람이 방향을 다시 바꾸며 말한다. "땅이든 하늘이든 발끝 잘 보고 가라."

햇살은 그대 얼굴을 따스하게 비추고

팽이의 온도 75°C

가을, 감꽃 추억

　청소부 아저씨가 분주하다. 비질하는 손놀림이 예사롭지 않다. 올려다보니 잎들이 조용히 떨어지고 있다. '너였구나. 가을!' 그러고 보니 바람도 예사롭지 않다. 스쳐 지나가는 사람들의 옷매무새도 가을을 노래하고 있다. 계절은 언제나 소리 없이 곁에 온다. 그리고 떠난다. 님처럼.

　아카시아 향이 사라질 즈음 감꽃이 핀다. 연둣빛 산 한 귀퉁이 꽃목걸이 염주처럼 도란도란한 꽃들…. 감꽃 목걸이를 하나둘 꿰다가 말고 서울로 떠난 누이는 감이 익을 즈음 돌아왔다. 세월이 파고 지나간 잔주름과 연정과 밥과 엄마를 비벼 먹으면 낯선 타향살이는 언제나 목이 메었을 것이다.

햇살은 그대 얼굴을 따스하게 비추고

5월 감꽃이 떨어지나 싶더니 목걸이를 만들 새도 없이 가을이 당도했다. 가을볕에 노출된 감은 누이 속도 모르고 울긋불긋 익어간다. 누이, 이모, 치마, 한복, 저고리, 어머니…. 목걸이의 주인들은 온데간데없고 여자들만 속절없이 늙어 죽어갔다. 목걸이의 주인들은 모두 어디로 갔는가? 가을 앞에 당도하면 제일 먼저 노란 감이 버티고 서서 물어볼 것이다. 목걸이 어디 갔냐고.

침묵이 길어지는 동안 감은 빨갛게 익어가고 까치가 찍어 먹던 감은 붉다 못해 피멍이 든 채 축 늘어진다. 그 감은 곶감이 상상할 수도 없는 맛이다. 꿀물도 그 감을 당해낼 수 없을 것이다. 사람 따위는 근접할 수도 없는 곳에 첫눈이 내릴 때까지 살점이 붙어있다. 아마도 목걸이의 주인을 기다리고 있을 것이다. 그때 목걸이를 전달했어야 했는데 목걸이 주인의 얼굴은 이제 기억나지 않는다.

아름드리 감나무. 감이 툭툭 떨어진 자리에는 별이 하나둘씩 채워지겠지. 별빛이 까마득히 물러가면 누런 달빛이 감나무를 감싸며 나무 아래를 밝혀주겠지. 끝나지 않은 소식을 줍고 있겠지.

햇살은 그대 얼굴을 따스하게 비추고

팽이의 온도 76°C

정든 지옥, 가족

'그는 가족에 대해 감동과 사랑의 마음으로 돌이켜 생각해 보았다. 그가 사라져야 한다는 생각은 아마도 여동생보다 그 자신이 더 단호할 것이다. 탑시계가 새벽 3시를 칠 때까지 그는 이렇게 공허하고 평화로운 생각에 빠져 있었다. 그러고는 그의 고개가 자신도 모르게 아래로 푹 떨어졌고 콧구멍에서는 마지막 숨이 힘없이 흘러나왔다.' 〈카프카, 『변신』〉

유리도서관에 불빛, 별 무리가 쏟아지는 아름드리 적송의 머리. 사람 책은 가죽 장정에 덮여 있고 삶과 죽음이 공존하는 능선에 바람이 분다. 사람 책에는 문장이 없다. 저물녘에 모두 서쪽 능선으로 외출을 떠났다. 걷기에 더

햇살은 그대 얼굴을 따스하게 비추고

할 나위 없는 저녁이니.

 9월, 겨우 버티던 손을 놓으며 여름이 돌아선다. 저 뒷모습을 보면 마음이 늘 스산하다. 쓸쓸하고 시무룩한 어깨…. 여름의 뒷모습은 늘 가족을 닮았다. 가족이라는 정든 지옥들. 그 잠든 먼지가 소록소록 피어난다. 달빛이 굵어지는 꼭 이맘때다.

 마음은 아물지 않는 그리움을 흩뿌린다. 문장은 지금 점점 어두워져 가는 길을 밤 깊어 가는 줄도 모르고 걸어갈 터다. 한가위를 앞두면 문장은 미친 듯 산길을 헤매고 다닌다. 박쥐를 닮은 대왕참나무잎이 옅은 갈색으로 물든다. 문장이 갈 곳은 아늑한 궁전, 유리도서관의 가죽 장정이다. 저 잎이 박쥐로 날아오르면 세상은 또다시 피로 물들 것이다. 그 욕망의 몸부림은 피에 굶주려 있다.

 [서쪽 하늘로 노을은 지고 이젠 슬픔이 돼버린 그대를 다시 부를 수 없을 것 같아 또 한 번 불러 보네! 소리쳐 불러도 늘 허공에 부서져 돌아오는 너의 이름. 이젠 더 견딜 힘조차 없게 날 버려두고 가지. 사랑하는 날 떠나가는 날. (서쪽 하늘) 이승철, '노을']

햇살은 그대 얼굴을 따스하게 비추고

노을에 물든 능선으로 문장들이 귀가한다. 몸 어딘가 욱씬 쑤신다. 내가 누군가를 욱신거리게 한 적은 없었는지 생각해본다. 괜찮은 사람이 아프다는 전갈이다. 문장은 그게 섭리라는 것을 알면서도 늘 서운하다. 저들이 누구를 아프게 했기에 아픈가? 좋은 사람들이 생과 사의 경계에서 제법 홀쭉해진 문장들을 만난다. 살 좀 찌지 왜 맨날 그래? 워낙 쪄있다가 한꺼번에 빠진 거예요. 큰 병은 아니고요. 그저 좀 그리울 뿐이고요. 호리호리할수록 오래 건강해요. 가족이라는 정든 지옥은 노을빛으로 물든다. 유리도서관의 불이 꺼지면 어둠조차 보이지 않는다. 별이 하도 쏟아져 온몸이 노곤하다. 죽음처럼 잠들 수 있는 건 가족이 있기 때문이다. 노을빛 가족!

햇살은 그대 얼굴을 따스하게 비추고

팽이의 온도 77°C (60초 소설)

그 남자의 어깨와 귀

두일이 사람 말소리가 들리는 쪽으로 몸을 기울인다. 잇따라 귀가 오고 뒤따라 머리, 연이어 두일의 어깨와 눈이 온다. 그의 어깨는 언제나 활짝 열려있다. 상대방이 두일의 말에 귀 기울이는 이유는 그의 당당한 어깨와 조용한 기울임에서 나오는 배려심 때문이다. 두일의 말본새는 정갈하고 잘 삭힌 홍어처럼 감칠맛이 난다. 왜 그렇지 않겠는가? 두일의 걸음걸이에는 뿌리부터 듬뿍 사랑받고 자란 사람의 여유가 보인다. 그건 품격이다.

두일을 처음 본 사람들은 그의 어깨와 거북이 같은 걸음걸이를 보고 '꽤 거만한 녀석이네.'라고 섣불리 단정 지을지도 모른다. 만약 그런 자가 있다면 그는 평생 '홍어

햇살은 그대 얼굴을 따스하게 비추고

삼합에 막걸리, 심지어 묵은지'조차 맛보지 못하고 세상을 하직하는 자일 것이다. 하물며 그는 삶 속에 묻힌 빛나는 보배 하나를 잃은 측은한 자일 것이다.

  두일의 어깨와 귀, 티 없고 정다운 그의 말본새를 만난다면 당신은 인생의 귀한 선물 하나를 얻은 셈이다. 저기 두일이 걸어온다. 어깨와 귀를 데리고 천천히 다가온다. 그의 방문은 각박한 삶이 주는 설렘처럼 가끔 심쿵하고 섬뜩하다.

_ 2023. 2. 9. 커반에서 김두일 님

팽이의 온도 78°C (60초 소설)

21세기 하이디

독신주의자(?)는 아니었지만 혼자 있는 날들이 좋았어요. 얼핏 시가 보였거든요. 우울한 날들이었지만 그렇게 견뎠죠. 깨어보니 쌍둥이, 웬 남자. 아니, 친구였던 동창생이 누워있고 누군가 스테레오로 엄마를 불렀어요. 게다가 어쩌다 공무원!!! 어이가 없었어요. 쌍둥이, 그리운 아버지, 부지런한 엄마, 철부지 남편, 쌍둥이 덕분에 힐링해요. 동화, 끊긴 고무줄, 동화나 시에 빠져 있어요. 쌍둥이 덕분에 얻은 육아휴직 아니, 휴식이 너무 좋아요.

여행 좋고요. 책도 설렘도 감흥도 모두 내 것 같아요. 이젠 시도 쓰고 책도 낼 거예요. 그림책부터 시작할게요. 기대해주세요. 나는 하이디. 빨강 머리 앤을 좋아하죠. 사랑

햇살은 그대 얼굴을 따스하게 비추고

하는 사람 서넛을 거느리고 세상 속으로 행진하는 나는 21세기 하이디랍니다.

_ 2023. 6. 9. 케이크 아일랜드에서 류지현 님

햇살은 그대 얼굴을 따스하게 비추고

팽이의 온도 79°C (60초 소설)

동생과 친구를 위하여

내가 힘을 내는 이유는 동생과 친구가 있기 때문이다. 내 꿈은 파리의 택시 운전사! 깡마른 고집불통 노인으로 보일지 모르지만 아니다. 우리 어머니는 나를 낳으시고 세상을 다 얻은 듯 기뻐하셨다. 왜 안 그랬겠나? '뽀얀 피부, 귀여운 미소, 걸어갈 때마다 당당한 걸음걸이.' 그래! 그 꼿꼿한 아들을 위해 어머니는 목숨을 걸고 키웠을 것이다. 이순(耳順, 60)을 넘은 이 나이에도 아들은 꼿꼿하다.

어머니는 '병치레 한 번 안 하는 건강한 몸과 밝은 미소'를 내게 주셨다. 이 좋은 세상에서 60년을 살게 해주셨다. 내 이름은 정인술. 나는 곧 이곳 상처받은 친구들과

햇살은 그대 얼굴을 따스하게 비추고

의 '공동생활'에서 벗어나 세상 속으로 진군할 것이다. 제주도 푸른 물결을 바라보며 그곳에 둥지를 틀고 사랑하는 동생네와 친구를 초대할 것이다. 내 삶의 후반기에는 사랑하는 동생과 친구 그리고 나의 건강과 살인 미소가 있다.

어느 날 제주에서 유난히 빛나는 면상을 보거든 나 '정인술의 미소'라고 믿어도 좋다. 또 어느 날 파리 시내 한가운데를 유유히 지나가는 택시가 있거든 불러 세워도 좋다. 내가 고개를 내밀고 활짝 웃을지도 모르니까. 내 이름은 정인술! 지금 나는 설레는 마음으로 하루하루를 보내고 있다. 나는 축복받은 사람이라는 걸 깨달았기 때문이다.

_ 2023. 2. 16. 안나에서 정인술 님

팽이의 온도 80°C (60초 소설)

해변의 거북

그가 설계한 해안도로를 따라 달리다가 뛰어내린 곳은 팔당호 고구마 칼국수 집이다. 그 집의 면발은 고구마다. 흠뻑 젖은 모습으로 엉금엉금 그가 입구에 들어섰을 때 마침 주인은 고구마 반죽 덩어리를 메고 내 앞을 지나갔다(저물녘 농부가 집 동가리를 만들기 위해 황혼을 등지고 짚단을 메고 가는 모습 같았다). 그 집에서 고구마 면발을 후루룩후루룩 먹거나 밥을 비벼 먹던 사람들은 거북처럼 목을 빼고 그를 바라보았다. 거북 등, 흠뻑 젖은 몸, 모래가 잔뜩 달라붙은 발과 배때기.

수영장에서 머리를 박고 오랫동안 숨을 참고 헤엄친 이유를 그제야 조금 알 것 같았다. 늘 고개를 주억거리던 모

햇살은 그대 얼굴을 따스하게 비추고

습, 뭔가 할 말이 많은 듯한 말투, 시간에 쫓기듯 서두는 발걸음, 더할 나위 없이 성실히 지키는 시간. 나는 그의 거북 등의 경사와 등딱지의 강도와 그의 몸을 흠뻑 적신 물에서 풍기는 알코올 냄새와 허공을 향해 내뱉는 헛헛한 웃음을 보았다.

아버지의 매를 피해 달아나다가 비슷한 이유로 달아나던 아내를 만나 함께 달렸다. 그의 삶은 자식을 위해 정성을 다해 짠 스웨터처럼 촘촘했다. 주말부부, 잦은 지방 근무, 토목설계사라는 직업 특성상 장거리 이동이 잦아 불규칙한 식습관과 규칙적인 술이 그의 허한 마음의 친구였다.

'부드러운 막걸리, 소맥, 모든 구멍으로 연통처럼 연기를 뿜어낼 수 있는 흡연' 이야기를 할 때 그의 눈은 반짝이고 표정은 밝아졌다. 큰마음 먹고 자신을 위해 집중할 때는 몸에 이상이 있거나 피로가 누적된 때뿐이었다. 당뇨 직전, 앞으로 약을 꾸준히 먹어야 한다는 의사의 말에 처방전을 들고 약국으로 가던 도중 대로변에서 담배를 피우던 10대 너덧 명을 보았다. 그는 자신의 모습이 투영되어 자세히 그들을 지켜보다가 '아들'과 눈이 마주쳤다.

그는 말했다. "그놈을 잡으려고 죽을힘을 다해 쫓다가 결국 놓쳐 이곳 팔당호에 도달했다."라고. "전에 이 근처에 와본 적이 있는데 그때 술 속에서 헤엄치다가 떡을 사간 적이 있어요. 근처에 떡집이 분명히 있을 거예요"(그는 술을 마셔도 꼭 챙기는 것들이 있다. 술값, 귀가, 가족의 간식). "평생 헤엄쳐 달아나며 살았어요. 물속에서 헤엄친 건 10여 년 정도고요." 생각의 모래를 털어내고 털어내면서도 그의 머리는 모래로 가득 덮여 있었다. 쌓인 모래를 털어내려고 그는 말하는 도중에도 연신 고개를 좌우로 흔들었다. "아내와 아들딸이 바다로 갈 수만 있다면 나는 팔당에 뼈를 묻어도 좋아요."

아이들은 아버지와 함께 족대와 낚싯대를 들고 물고기와 물방개를 잡으러 떠날 때가 가장 좋았다. 그때부터 아버지는 조금씩 거북 등이 되어 갔다. 왜 안 그렇겠는가? 오죽 집중했겠는가? 그의 거북 등이 그 모든 것을 증명해 보인다. 아이들과 아내는 모두 어항에 갇혔다. 큰아이는 결국 어항에서 뛰쳐나와 큰 도로를 가로질러 팔당호를 거닐고 있을지도 모른다.

햇살은 그대 얼굴을 따스하게 비추고

바다로 가는 해안도로길, 신도시의 인공호수와 산을 가로지르거나 산허리를 뚫어 길을 내는 일을 25년 넘게 했다. 그는 토목설계 디자이너다. 그에게 그 일은 예술작품을 만드는 일이다. 밤을 지새우거나 정권이 바뀌거나 심지어 누이가 죽어도 멈추지 않았던 일이다. 그는 그 길 위에 시름을 놓고 불쑥불쑥 일어서는 고향 영등포에서의 '삶과 죽음'의 외줄 타기를 생각한다. 생각의 모래는 그의 눈을 아프게 한다.

거북의 손아귀는 진흙처럼 뭉툭하게 굳어버렸다. 뭉툭한 손아귀에 평생 풀어내지 못한 아버지와의 화해, 어머니의 눈물, 누이의 죽음이 모래알처럼 잡혔다가 빠져나가기를 반복한다. '아버지의 책무, 가장의 책무'를 얼마나 움켜쥐었는지 마침내 그는, 거북 등이 되었고 손발은 거북의 손발처럼 뭉툭하게 변해 버렸다.

거북은 농도가 짙은 물을 오랜만에 흠뻑 적시고 모래사장에 깊이 잠들었다. 한낮이 되어 잠에서 깬 그는 파도 소리를 들었다. 멀지 않은 곳에서 갈매기 울음소리가 들린다. 성당의 종소리. 주일이다. 거북은 성당의 종소리를 들으며 머리에 묻은 모래와 온몸 구석구석의 모래를 툭툭 털며 기지개를 켰다. "그래, 바다 냄새가 난다. 힘을 내 좀 더 가보자." 거북은 이렇게 말하며 뭉툭해진 네 발의 끝을 한껏 움켜쥐며 한 걸음을 내디뎠다. 나는 안다. 그 뭉툭한 네 발이 바다에서는 얼마나 빠르고 유연한지, 얼마나 자유롭고 평화로운지.

_ 2023. 2. 10. 팔당 칼국수 집에서 거북 님

팽이의 온도 81°C (60초 소설)

해바라기 사랑

 해바라기가 끝없이 펼쳐진 우크라이나. 석양이 지는 이 국땅에 바람이 분다. 달덩이가 지상에 내려와 군락을 이루었나? 아니다. 달 때문이 아니다. 해바라기 씨의 끝에 붙은 별꽃 때문은 더더욱 아니다. 해바라기의 휘청이는 저 몸짓은….

 가슴 한가운데, 어깨, 손목, 머리카락, 목덜미, 기도, 땡볕의 노동, 계약서, 욕망, 모멸감, 죄책감, 약과, 어묵, 부르튼 입술, 독서, 그의 어머니, 가난, 움푹 팬 쇄골을 받쳐주던 갈비, 쓸쓸한 뒷모습, 따뜻한 눈빛과 단 한 번도 사람을 넘겨짚지 않고 건넸던 질문들.

햇살은 그대 얼굴을 따스하게 비추고

"지금 마음이 어때요?"

"걱정이 있나요?"

"아픈 데는 어때요?"

"하고 싶은 말 없으세요?"라고 물어보면 언제나 돌아오던 말.

"아프거나 죽지만 마세요."

방금 그가 죽었다. 그의 주검을 가까이서 볼 수 없었다. 해바라기밭 대궁 뒤에 숨어 그의 하관을 숨죽여 지켜보았다. 지하로 그의 주검이 내려가고 흙을 퍼붓고 그 위에 작은 묘비가 세워졌다.

"지금 마음이 어때요?"라며 금세 걸어올 것만 같은데 묘비 뒤로 노을이 진다. 눈물을 훔치려고 손수건이 든 가방 안에 손을 넣는데 손에 느껴지는 종이의 감촉. 편지 한 장과 그에게 주려던 조의금 봉투였다. 그의 부고 소식을 듣고 오는 길에 기차 안에서 쓰고 또 쓴 편지. 지폐 몇 장을 넣었다가 꺼내던 손이 낯설게 느껴졌다. '가족, 친지, 친구들 모두 살고 있는 고국을 두고 하필 이런 이국땅에서…'에 생각이 미치자 그에 대한 그리움과 방황의 세월이 떠오른다. 눈물이 하염없이 흐른다.

햇살은 그대 얼굴을 따스하게 비추고

당신이 평생 꿈꿔왔던 그리움과 나의 쓸쓸함이 만나면 무엇이 될까? 석양을 등지고 하염없이 걷는데 해바라기밭 끝자락에 누군가가 쪼그려 앉아 그림을 그리고 있다.

'고흐'.
야윈 어깨가 고흐를 닮았다. 아니, 고흐의 뒷모습이 당신을 닮았다. 당신은 고흐를 만났을까?

이 해바라기밭을 지나 언덕을 넘어서면 당신을 잊을 수 있을까? 나는 오늘 해바라기밭에서 벗어날 수 없을 것 같다. '기웃거리지 말고 학처럼 당당히 살아가라던 당신의 충고를 들을 걸…'이라는 후회가 밀물처럼 밀려온다. 부디 잘 가요. 나의 고흐 아저씨. 노을 너머로 까마귀 떼가 벌겋게 날아오른다.

_ 2023. 2. 14. 능선으로 가는 길에 소피아 로렌 님

에필로그

'햇살은 그대 얼굴을 따스하게 비추고'

무호흡 잠영으로 헤엄쳐 왔다면 잠시 고개를 들어 숨 한 번 쉬고 갈 '공간과 시간'을 마련하고 싶었다. 나 여기 쉬고 있으니 당신도 함께 잠시 쉬어가길 바라는 마음에서. 인생이란게 개인에게는 일방이지만 자연의 연대에서는 순환이니까. 한 생애의 물길이 옹달샘에서 실개천을 지나 강물을 거쳐 바다로 이르면 끝나는 여행이 아니니까. 다시 바람, 햇살, 구름이 바다를 모아 옹달샘으로 다시 모이니까. 각자의 선민의식 속에서 멈추지 말아야 하니 말이다. 자의식으로 가득 찬 나를 매장하고 돌아서는 해바라기밭의 소피아 로렌처럼 삶의 모든 순간이 움직이는 풍경이길 기도하며 다시 연필을 든다.

햇살은 그대 얼굴을 따스하게 비추고

사유의 공간, 전영애 시인의 여백

사유의 공간 '여백'을 통하여 이 땅에 괴테 마을이 세워지는 모습을 응원하며 지켜본다. 읽고 쓰며 현실의 길을 탐구하는 '바른 걸음'과 문제를 뛰어넘어 크게 성장한 괴테의 '극복'을 읽고 배우며 위대한 인물을 세우기 위한 위대한 조연들, 위대한 독자들의 삶을 현실에서 펼쳐 보여주는 전영애 시인이 지향하는 박수부대의 삶을 공유하고자 한다. 읽고 써나가며 '꿈을 꾸는 사람', '고통을 이겨내는 사람'이 얼마나 성장할 수 있는지 지켜볼 것이다. 여백은 매월 마지막 주 토요일 전영애 시인을 만날 수 있고 젊은 괴테하우스는 연중 오픈이다.

문장으로 그리는 풍경, 60초 소설

60초 소설은 문장으로 쓰는 풍경화이자 스냅사진이다. 질문에 대한 답신이 올 때마다 진행해나갈 생각이다. "당신의 인생을 60초 소설로 써드립니다. 어떤 이야기를 쓰고 싶으세요?"라고 질문했을 때 '하고 싶은 이야기'를 할 때의 표정, 말투, '눈빛'을 보면 신혼부부의 문풍지 구멍을 뚫어놓은 것처럼 그의 풍경이 보인다. 그 풍경을 스케치하듯 연필로 써낸다. 연필로 쓰면 3~5분가량 소요된다. 소요의 60초 소설은 다음에 접속해 신청하거나 직접 신

햇살은 그대 얼굴을 따스하게 비추고

청할 수도 있다.

* 블로그: MI 엠마오 커뮤니티
(https://blog.naver.com/dpssdp(60초 소설 신청))

음양의 균형점, 침구사 장 선생의 손맛

사랑하는 응원군을 잃었지만 아직 생생하게 살아있는 응원군과 함께 가을을 맞이하고 싶다. 나는 안나의 집 노숙인 친구들에게도 늘 이야기한다.

"아프거나 죽지만 말고 버텨 주세요."

암이라는 병마에 쓰러진 사회복지사 최수미 선생님을 가까이 볼 수 있었다면, 그녀에게 평소 합곡, 태충의 음양 대표혈과 중완, 수도, 중극, 폐유, 고황을 침·뜸으로 다스렸다면 이 마음이 이토록 허하진 않았을 것이다. 사랑하는 사람을 지키는 방법은 여러 가지가 있지만 그중 제일은 건강이 아닐까? 동양 의술은 자연 치료 의술이자 예방 차원의 시술이다.

우리나라 침구의 역사를 보면 1951년 12월 25일 국민의료법 시행, 1960년 11월 28일 접골사 침술사 침구사 안

햇살은 그대 얼굴을 따스하게 비추고

마사자격시험 규정 시행령 제정, 1962년 3월 20일 의료법 전부 개정, 이후 1973년 10월 31일 의료유사업자령이 폐지되었다. 1974년 5월 30일 통반장 인우보증 수단으로 자격증을 발급한 것이 우리나라 침구사 제도의 처음이자 마지막이다.

2008년 2월 29일 의료법 81조의 신설법에 "의료 유사업자"로 "침구사, 안마사, 접골사"가 법제화되면서 침구사 제도의 법제화가 종결되었다. 이제는 이 법을 봄의 씨앗처럼 잘 길러 열매 맺는 일만 남았다. 미국을 포함한 많은 나라의 대학에 침구학과가 있고 의사들도 침의 효능을 인정해 침구사 자격을 공부한다. '환자를 두고 치유 방법을 고민하는 것'은 의사의 기본 도리이자 사람의 도리다. 침 종주국 대한민국에서 작금 극복해야 할 과제 중 가장 시급한 것은 '침구사에 대한 인식 전환', '건강한 침구 문화 정착', '침구 효능에 관한 연구', '침구 봉사의 활성화' 등이다.

침구사 장 선생의 일침 한 방이 그리워지는 계절이다.